100세 영어

100세 영어

100세 인생에 영어 포기는 없다

노병천 지음

100세 인생 100세 영어

20세입니까? 그렇다면
80년 정도는 영어를 더 즐길 수 있습니다.
70세입니까? 그렇다면
30년 정도는 영어를 더 즐길 수 있습니다.

왜 지금 영어를 배워야 하는가?

해외여행 가서
먹고 싶은 것을 마음대로 주문할 수 있다.

자녀나 손주들에게
나름 유창하게 영어동화책 읽어줄 수 있다.

새로운 도전으로
새 꿈을 꾸고 치매도 예방한다.

어때요?

　그림을 보시면서 심장이 쿵쿵 뛰지 않았습니까? 이제 곧 이 그림들이 여러분의 일상이 될 것입니다. 만약에 심장이 뛰지 않은 분들이 계시면 가급적 빨리 심장내과로 가시기 바랍니다. 심각한 조짐입니다. 『어린왕자』의 저자 생텍쥐페리는 다음과 같이 말했습니다.
　"배를 만들고 싶다면 사람들에게 목재를 가져오라고 하는 대신 바다를 보여주고 저 넓고 끝없는 바다에 대한 동경심을 가지게 만들어라."

100세 인생에 영어 포기는 없다

이 책을 읽고 있는 당신은 몇 세입니까? 20세입니까? 그렇다면 80년 정도는 영어를 더 즐길 수 있습니다. 40세입니까? 그렇다면 60년 정도는 더 영어를 즐길 수 있습니다. 혹시 70세입니까? 그래도 30년 정도는 얼마든지 영어를 더 즐길 수 있습니다.

100세 인생이라고 합니다. 물론 어떤 사람은 100세를 훨씬 넘겨 살 수도 있습니다. 그런 분에게는 더 많은 기회가 주어지겠지요. 우리 주위를 돌아보면 늦은 나이에도 제2외국어를 공부하는 분들이 많습니다. 미국의 올리버 웬들 홈즈라는 대법관은 95세의 나이에 헬라어를 공부하기 시작했습니다. 베지밀로 유명한 정식품의 정재원 명예회장은 100세 나이에 영어공부를 시작했습니다.

인터넷에서 따온 어떤 분의 글을 소개합니다.

엄만 뭐든 하겠다 맘먹으면 반드시 해내서 자식들 많이 놀래켰다. 엄마의 기질 때문에 스트레스 받은 적도 많지만 좋은 자극이 될 때가 더 많았다. 환갑에 혼자 영어학원 끊어서 영어 배우더니

유럽 배낭여행도 혼자 가시고 외국인 친구도 사귀어 오셨다.

보셨지요? 환갑이 지난 나이에도 영어가 가능하지요? 문제는 마음가짐입니다. 무엇이든지 배우겠다고 마음을 먹으면 배울 수 있습니다. 나이는 전혀 상관이 없습니다.

영어는 즐겨야 합니다. 그래야 끝까지 갑니다. 그렇습니다. 영어 때문에 스트레스를 받지 않고 오히려 즐기라는 것입니다. 정말 마음먹기에 달려 있습니다. 영어를 어떤 태도로 대하는가에 따라 스트레스를 받을 수도 있고 즐길 수도 있는 것입니다. 기준을 어디에 두느냐에 따라 많이 달라집니다. 그래서 기준을 잘 정하십시오. 어느 수준까지 영어를 하겠다고 하는 기준 말입니다.

100세 영어는 여러분의 나이에 상관없이 영어를 즐기도록 만들었습니다. 나이가 들수록 무언가에 집중하고 도전하면 정신적으로나 육체적으로 훨씬 더 건강해집니다.

무엇보다도 영어를 배운다는 사실 그 하나만으로도 '짜릿'하지 않습니까? 살아가면서 짜릿한 경험을 많이 하면 좋습니다. 세상이 너무 힘들다 보니 우리의 감정이 너무 무뎌졌습니다. 어지간해서는 감동하지 않고 어지간해서는 짜릿한 경험을 맛보지도 못합니다. 어릴 때는 낙엽이 하나 떨어지는 것만 보고도 감탄했지 않습니까? 100세 영어를 하다 보면 확실히 짜릿한 경험을 하게 됩니다.

새로운 도전과 새로운 배움으로 심장이 두근거리고 엔도르핀이 솟아나고 그냥 기분이 좋은 그런 짜릿한 경험 말입니다.

그리고 영어를 한다는 것은 다른 것도 할 수 있다는 것입니다. 새로운 세상과 만나는 것입니다. 우리는 죽을 때까지 용감하게 도전할 수 있어야 합니다. 새로운 것을 배우고 공부하고 도전하는 것입니다. 새로운 꿈을 꾸고 새로운 행복을 가꾸어 나가야 합니다. 나만을 위한 삶이 아니라 나를 넘어서서 누군가에게 용기가 되고 힘이 되는 삶을 살아야 합니다.

그래서 100세 영어는 영어만을 위한 책이 아닙니다. 보다 가치 있고 의미 있는 삶을 살아가는 데 촉진제로서의 역할도 할 것입니다. 내가 꿈을 이루면 누군가의 꿈이 됩니다. 영어는 그중 하나일 뿐입니다. 영어로 나 자신을 시험해 보세요. 영어 하나쯤은 정복할 수 있어야 합니다. 아니, 언제까지나 두려움의 대상으로 남겨두어서는 안 됩니다. 영어를 거침없이 말할 수 있다면 인생도 거침없이 살아갈 수 있습니다. 100세 영어는 바로 그런 것이 가능하도록 만드는 영어 입니다. 영어는 인생에 있어서 극복해야 할 작은 산에 지나지 않습니다.

마음가짐이 중요하다고 말했지요? 우리의 뇌는 진짜와 가짜를 구분하지 못한다고 합니다. 같은 말, 같은 생각을 반복하게 되면 마치 그것이 진짜인 것처럼 인식하게 됩니다. 만약에 "나는 영어를 할 수 없어"라고 생각을 반복하게 되면 정말 우리 뇌도 그렇게 인식하고 영어가 안 되는 방향으로 작동하게 됩니다. 그런데 "나는 영어를 잘할 수 있어."라는 생각을 반복하게 되면 정말 우리의 뇌도 영어를 잘할 수 있는 방향으로 작동하게 됩니다. 그래서 절대로 안 된다는 생각을 해서는 안 됩니다. 마음가짐이 참 중요합니다. 여러분의 나이와는 전혀 상관이 없습니다. 여러분의 아이큐와도 상관이 없습니다.

그런 의미에서 보면 외국어를 익히는 것은 마치 자전거를 배우는 것과 같습니다. 나이가 좀 들었다고 해서 자전거를 타지 못합니까? 머리가 나쁘다고 자전거를 타지 못합니까? 아니지요. 나이와 상관없이 머리와 상관없이 자전거는 배울 수 있습니다. 약간의 설명을 듣고 그냥 훌쩍 올라타서 훈련하면 됩니다. 말이 아니라 몸으로 숙달하는 것이지요. 이것을 절차기억이라고 하지요. 자전거를 한 번 익혀놓으면 안 타다가 나중에 다시 타게 돼도 금방 탈 수 있습니다. 머리로 암기했다면 불가능하지요. 온몸으로, 세포로 익혀 놓았기 때문에 언제든 그 감각을 꺼내어 곧바로 사용할 수 있는 것입니다.

영어도 똑같습니다. 머리로 외우는 것이 아닙니다. 외우는 영어는 금방 잊어버릴 뿐만 아니라 실제 상황에서 써먹지 못합니다. 다들 그런 경험 해보셨지요? 외워서 된다고 하면 머리가 나쁜 사람은 죽어도 못하는 게 외국어입니다. 영어책 한 권을 외우라고 하는 사람도 있고 영어를 익히는 공식을 만들어서 그대로만 하면 된다고 하는 사람도 있습니다. 모두 황당한 이야기입니다. 영어는 절대로 외워서 되는 것이 아닙니다. 감각적으로, 느낌으로, 온몸의 세포를 이용해서 저절로 기억하게 하고 외부의 상황에 즉각 반응하도록 해야 하는 것입니다. 다양한 상황에서 머리에 계산 없이 곧바로 튀어나올 수 있도록 해야 합니다. 그래서 영어는 '공부'하는 것이 아니라 '훈련'하는 것입니다. 100세 영어에서는 여러분이 마치 자전거를 타는 훈련을 하듯이 온몸으로 영어를 받아들이는 훈련을 하게 됩니다. 자동반사적으로 몸이 반응하는 영어입니다.

영어를 배울 때 흔히 말하기를 어린아이들이 모국어를 배우는 방법으로 해야 한다고 합니다. 맞습니다. 그렇게 해야 제대로 영어를 배울 수 있습니다. 그런데 지금 여러분의 나이에 어린아이로 되돌아갈 수 있습니까? 엄마 뱃속으로 다시 들어갈 재주가 있나요? 불가능합니다. 만약에 그런 놀라운 재주가 있어서 엄마 뱃속에 다시 들어갔다고 가정합시다. 어느 나라에서 태어나느냐가 또 결정적으로 중요합니다. 미국에서 태어난다는 보장이 없지요. 다시 태어났는데 영어를 제일 못하는 나라 중 하나에서 태어났다면 정말 심각하겠지요. 영어 환경이 중요하다고 합니다. 영어의 바다에 빠지고 싶어도 영어 환경이 되지 않으면 이것도 어려운 일입니다. 그래서 어린아이가 모국어를 배우는 방법으로 영어를 배운다는 것이 얼마나 황당한 말인지 이해가 되시지요?

제게는 두 아들이 있습니다. 둘 다 제가 미국에 있을 때 남겨두고 와서 초등학교 때부터 대학원에 이르기까지 미국에서 공부를 다 했습니다. 그러다 보니 이른바 '영어도사'가 되었지요. 동시통역은 당연하고 국제사회에서 자유롭게 영어로 일을 하고 있습니다. 제대로 영어를 하려고 한다면 저의 두 아들처럼 그렇게 공부하지 않고서는 불가능합니다. 어느 정도 영어를 잘한다고 해도 한계는 있습니다. 우리 주변에 보면 미국에 가지 않고도 영어를 잘하는 사람들이 많습니다. 이른바 토종영어 도사들이지요. 그런데 이 사람들은 어느 영역에서는 분명한 한계가 있습니다. 그래서 정말 제대로 영어를 배우려면 아기가 모국어를 배우는 환경이 되어야 합니다. 또 어릴 때부터 오랜 기간 미국에서 공부를 해야 가능합니다.

그렇다고 해서 우리가 포기할 수는 없지요. 그럼요! 비록 3세 아기로 되돌아갈 수는 없지만 아기가 모국어를 배우는 그 과정은 벤치마킹이 가능하지요. 어떻게 하느냐고요? 아기가 하는 방식을 비슷하게 흉내 내면 됩니다. 아기가 어떻게 합니까? 일단 많이 듣습니다. 말하는 것보다 듣는 것이 우선입니다. 그리고 나서 뭘 하고 싶다고 하는 욕구가 생기면 그냥 소리를 내질러버립니다. "따따따!" 그러면 옆에 있던 엄마가 알아서 그 말을 해석합니다. 아기가 할 수 있는 유일한 언어는 그냥 "따따따!"입니다. 소리가 있다는 것은 그 소리에 '의미'가 있다는 것이고 그 의미를 '알아차림'이 중요합니다. 소통은 이렇게 소리로 이루어집니다. 소통은 생각이 서로 통하는 것인데 한국 사람이 아무리 열심히 영어를 공부해도 미국 사람의 생각과 같아지기는 어렵습니다. 제대로 영어를 하려고 한다면 미국 사람이 생각하는 방식과 같아야 합니다. 아기가 "따따따!" 할 때 엄마는 그 언어(?)를 알아차리고 아기가 원하는 것을 해줍니다. 아기의 생각을 읽는 것이지요. 아기의 수준에서 생각을 일치시키는 것이지요. 우리가 영어를 익히는 것도 사실 이와 같아야 합니다.

한국 사람의 사고방식으로는 미국 사람의 생각을 읽기가 여간해서 쉽지 않습니다. 하나의 '소리'에는 하나의 '의미'가 있고, 그 의미에는 반드시 '생각'이 들어 있습니다. 우리가 한국어를 할 때도 그렇지 않습니까? '아' 다르고 '어' 다릅니다. 같은 '아'를 하더라도 어떻게 표현하느냐에 따라 의미가 달라지지요. "아―" 하고 끝을 올리면 뭔가 이상한 느낌을 표현하는 것이고 "아~" 하고 낮게 꺾으면 뭔가 수긍한다는 느낌을 표현하는 것이지요. 영어도 이와 같습니다. 그래서 정말 하나의 언어를 제대로 하려고 하면 그 언어를 말하는 사람의 느낌과 생각을 정확히 읽을 수 있어야 합니다.

그런데 이게 말이 그렇지 결코 쉽지 않지요? 그렇기 때문에 제대로 영어공부를 하려면 끝이 없다고 하는 겁니다. 평생을 두고 해도 부족하다는 것입니다. 얼마나 많은 노력과 시간과 돈이 들어갑니까? 그래도 별 성과도 없고 말입니다. 힘이 빠지지요.

100세 영어는 여러분에게 한 가지를 약속드립니다. 미국 사람을 만나면 겁내지 않고 그냥 마구 말을 던질 수 있는 영어로 훈련시켜 드린다는 것입니다. 미국 사람을 겁내지 않을 정도만 돼도 사실 대단한 겁니다. 그렇지 않습니까? 영어를 즐깁시다. 더 이상 영어가 스트레스가 되고 고통의 대상이 되지 않게 합시다. 그리고 미국 사람이 생각하는 방식에 대해 나름대로 연구한 내용을 고스란히 전해드릴 것입니다. 많은 도움이 될 것입니다. 이 책을 통해서 영어뿐만 아니라 인생을 거침없이 대하는 용기도 얻게 될 것입니다.

준비되셨습니까?

본격적으로 시작하기 전에 목소리 한 번 가다듬고 긍정 구호 한 번 외치고 시작합시다. 무엇이든지 할 수 있다고 생각하면 정말 그렇게 됩니다. 이것이 긍정의 힘이지요. '안 된다'고 생각하지 말고 언제든지 '된다'고 생각하시기 바랍니다. 자, 외쳐봅시다!

프롤로그 100세 인생에 영어 포기는 없다　9

 **1장** **100세 영어가 답이다**　23

　🌟 왜 지금 영어를 배워야 하는가　25

　　1. 해외여행 가서 내가 먹고 싶은 것을 마음대로 주문하기　27
　　2. 자녀나 손주들에게 나름 유창하게 영어동화책을 읽어주기　30
　　3. 새로운 도전으로 새 꿈을 만들고 치매도 예방하기　31
　　　100세 영어로 치매 예방하자!　33

　🌟 영어는 말만 통하면 된다　36

　🌟 한국 사람은 동사, 미국 사람은 명사　41

 **2장** **100세 영어의 비밀무기**　49

　🌟 비밀무기 1 물맷돌　51
　　큰 소리로 첫 단어를 물맷돌처럼 던져라

　　물맷돌이란　54
　　발음은 신경 쓰지 말되 소리는 크게 내세요!　59
　　물맷돌에 무너진 미국 사람　61

⭐ 비밀무기 2 어순 기차 65
　어순을 알아야 영어를 한다

　　어순을 잡는 절대무기 동주어순판   70
　　동사가 어순을 결정한다   72
　　인도 영어의 비밀은 무엇인가   79
　　어순을 잡는 '달리는 기차'   83
　　다시 중요한 것을 정리합니다   88

3장 100세 영어의 발음 비결 91

⭐ 내 영어 발음은 어느 수준인가   93
　　기왕이면 다홍치마   94
　　발음이 좋으면 듣기도 쉬워진다   100
　　일단 웃는 얼굴과 웃는 입을 만들어라   105
　　허리를 펴고 복식호흡을 하라   108
　　일단 소리를 크게 내라   112

⭐ 유창한 영어 발음을 위한 5대 비결   116
　　1. 무엇보다도 모음을 정확히 발음하라   117
　　2. 유성음과 무성음을 확실하게 구분하라   119
　　3. 장모음과 단모음을 확실하게 구분하라   122
　　4. 반드시 리듬을 타라   124
　　5. 확실하게 스트레스를 두라   127

4장 100세 영어의 미션 137

⭐ 해외여행 가서 마음대로 주문하기 139

⭐ 자녀들에게 영어동화책 읽어주기 143

    큰 소리로 읽을 때의 효과 144
    Beauty and the Beast 148

⭐ 새로운 도전으로 새 꿈을 만들고 치매도 예방하기 162

5장 100세 영어 실전 165

⭐ 강도보다는 빈도가 중요하다 167

⭐ 자동반사적인 물맷돌 실전훈련 181

    100개의 돌 – 단어 70개와 문장 30개 183
    훈련 방법 184
    1단어 30개 – 일단 툭 던져놓고 보는 첫 번째 돌 30개 191
    2단어 40개 – 만약의 상황을 대비한 추가 물맷돌 40개 195

⭐ 어순 기차 실전훈련　201

　어순 A 문장 10개　203
　어순 B 문장 10개　206
　어순 C 문장 10개　209
　질문훈련　212
　의문사에 따른 즉답　219

　에필로그　영어는 단지 의사소통 도구이다!　224

　100세 영어 세미나, 훈련소 입소, 코치 과정　228

1장
100세 영어가 답이다

ABCDEFG
HIJKLMN
OPQRST
UVWXYZ

왜 지금 영어를 배워야 하는가

무엇을 하려고 영어를 배우고 있나요? 혹시 여러분 중에 미국 유학을 꿈꾸는 분이 있나요? 외국 바이어들과 협상을 잘하기 위해 이 책을 읽고 있나요? 아니면 유창하게 미국 사람과 막힘없이 영어를 하고 싶어 이 책을 읽나요? 아니면 미국 영화나 미드를 자유롭게 보기 위해 이 책을 읽고 있나요?

만약 그렇다면 이 책을 살짝 옆에 두세요. 물론 이 책은 그런 목적을 가진 사람들에게도 생각지 않은 큰 수확을 안겨다 줄 것입니다. 그런데 그것은 이 책의 본래 목적이 아닙니다. 공부는 그 목적이 분명해야 합니다. 그래야 어느 수준까지 도달할 것인가가 확실해지거든요.

위에서 말하는 그런 수준까지 가려고 한다면 사실상 여러분의 나이에는 불가능에 가깝습니다. 아니, 젊은 사람이라 하더라도 거의 불가능합니다.

제 두 아들처럼 어릴 때부터 미국에 가서 살고 대학원까지는 졸업해야 영어에 자유로울 수 있습니다. 제 둘째 아들처럼 어느 날 귀가 "뻥!" 하고 뚫리는 경험도 해야 하고요. 나이를 조금이라도 먹고 영어를 시작하면, 거기다 한국에서 하게 되면 아무리 열심히 해도 한계가 있습니다.

사실 저도 영어책을 내고 영어를 강의하고 있지만 별수 없습니다. 솔직히 말씀드리면 저도 미국 영화 대사를 확실하게 듣지 못합니다. 미국 사람이 말을 빨리하면 무슨 소리인지 잘 모를 때가 많습니다. 즉 저도 영어에 자유롭지 못하다는 말씀입니다. 한국에서, 거기다 늦게 시작한 영어는 그럴 수밖에 없습니다. 한계입니다. 인정할 건 솔직하게 인정해야 합니다.

그런데 사실 저는 미국 어디에 내놓아도 할 말은 다 합니다. 보험회사를 상대로 싸워서 이기기도 했고요. 대한민국을 대표해서 여러 국제행사에서 영어로 연설도 많이 했고요. 사람이 절박하면 무슨 일이든 못하겠습니까? 닥치면 하게 됩니다. 그러니 영어 때문에 너무 스트레스 받지는 마세요.

그렇지만 무슨 목적으로 영어를 공부할 것인가는 확실하게 정해두어야 합니다. 그 수준까지만 공부하고 훈련하는 것이 현명한 행동입니다. 제대로 하려고 하면 영어공부는 끝이 없습니다. 해도 해도 자꾸 해야 합니다. 평생을 해도 모자랄 수 있습니다. 그럴 필요가 있습니까? 없지요!

그깟 영어 하나 때문에 돈도 엄청 퍼붓고 시간도 엄청 퍼붓고 스트레스 엄청 받아가면서 평생을 살 이유가 없습니다. 그래서 이 책을 공부하시는 여러분은 다음의 목적에 맞추면 좋겠습니다. 세 가지입니다. 이 세 가지를 미션으로 만드세요. 미션이 뭡니까? 사명이지요. 위대한 사명! 적어도 내 생애에 이 정도는 하고 죽겠다는 것이지요. 그래서 거룩합니다. 반드시 이 세 가지는 하고야 말겠다는 결심을 단단히 하세요.

해외여행 가서 내가 먹고 싶은 것을 마음대로 주문하기

아무리 바빠도 이제는 조금 여유를 가질 수 있어야 합니다. 물론 각자의 상황에 따라 아직도 열심히 일해야만 하는 사람들도 많을 것입니다. 그렇지만 더 늦기 전에 아직도 다리에 힘이 붙어 있을 때 어디론가 훌쩍 여행을 떠나십시오. 나중에는 억척스럽게 모아

조금이라도 젊을 때 일단 여행부터 떠나세요. 여행지에서는 먹고 자는 것은 사실상 문제는 없습니다. 여행사에서 알아서 다 해결해주니까요.

놓은 돈이 있고 남아도는 게 시간일지라도 여행은 갈 수 없게 될 수 있지요.

생각해보세요. 관광버스에 올라타는데 다리가 후들거려 다른 사람들을 기다리게 한다고 해보세요. 누가 좋아할까요? 자식들도 성가시게 생각할 것입니다. 처음 한두 번은 그래도 예의상 인정상 넘어갈 수 있습니다. 그런데 그것도 한두 번이지 버스를 탈 때마다 그런 모습을 보인다면 누가 함께하고 싶겠어요? 다른 사람들뿐만 아니라 그런 처지에 놓인 자기 자신이 생각해도 한심할 것입니다. 그러니 일단 여행부터 떠나세요. 여행지에서는 먹고 자는 것은 사실상 문제는 없습니다. 여행사에서 알아서 다 해결해주니까요.

그런데 가끔은 이렇게 해봅시다. 외국 식당의 종업원에게 영어로 주문을 해보는 것이지요. "와우!" 메뉴를 촤악 펼쳐들고 "캔 아이 오더 나우?"하고 말입니다. 토종 한국 사람이 이렇게 유창한(?)

100세 영어는 즐거운 해외여행을 위해서라도 꼭 해야 한다.

영어로 주문하면 종업원이 얼마나 신기하게 생각을 할까요. 종업원이 "엣썰" 하고 대답하면 아주 익숙하다는 듯이 메뉴를 손가락으로 가리키면서 "디스 앤드 디스!"하고 아주 유창하게(?) 주문하는 것입니다. 내가 먹고 싶은 음식을 내 마음대로 주문하는 것! 생각만 해도 신나지 않습니까?

100세 영어는 바로 이런 수준을 만들어준다는 것입니다. 물론 이 정도의 수준이 되면 음식 주문은 기본이고 길 찾기까지 가능하지요. 어지간한 기초 회화는 다 할 수 있다는 말입니다.

자녀나 손주들에게 나름 유창하게 영어동화책을 읽어주기

    요즘 아이들은 영어 조기교육 열풍으로 영어를 아주 유창하게 잘합니다. 혀도 제대로 꼬부라져서 정말 미국 아이들이 말하는 것처럼 말합니다. 엘리베이터 안에서 그런 경험 많이 해보셨지요?

    집에서 텔레비전을 보는데 아들 녀석이 쪼르륵 와서 "엄마, 이거 영어로 뭐야?"라고 할 때가 있습니까? 그럴 때면 온몸에 소름이 좌악 돋으면서 쓸데없는 다른 말로 대충 때울 때가 많지요. 자, 영어를 배우시면 바로 이럴 때 제대로 부모 위신을 세울 수 있습

집에서 텔레비전을 보는데 아들 녀석이 쪼르륵 와서 "엄마, 이거 영어로 뭐야?"라고 할 때가 있습니까? 그럴 때면 온몸에 소름이 좌악 돋으면서 쓸데없는 다른 말로 대충 때울 때가 많지요. 자, 100세 영어를 배우시면 바로 이럴 때 제대로 부모 위신을 세울 수 있습니다.

니다. "어디 보자. 오, 그건 말이다. 영어로 이렇게 말하는 거야. 팬태스틱!"

그리고 더 나아가서는 영어동화책을 읽어줄 수 있습니다. 와우! "자, 애들아. 엄마가 『미녀와 야수』를 읽어줄게. 영어로!" 이 정도가 되면 아이들이 펄쩍 뛰고 난리가 납니다.

3. 새로운 도전으로 새 꿈을 만들고 치매도 예방하기

사람은 끊임없이 배울 때 그 삶의 의미가 있습니다. 공부에는 나이가 없습니다. 나이가 들수록 공부를 해야 하는 이유이지요. 나이가 들어서 하는 공부 중에서 최고 효과적인 공부는 바로 언어 공부입니다. 새롭게 언어를 공부함으로써 잘 안 쓰던 뇌 부위를 활성화시키는 것입니다. 그래서 치매까지 예방되는 좋은 효과가 실제로 나오는 것입니다.

아이쿠, 이건 제가 한 말이 아닙니다. 제가 뭐 신경정신과 선생님도 아니고. 그런데 분명한 근거가 있는 말입니다. 새로운 언어를 공부하기 시작하면 분명히 치매 예방에 도움이 됩니다. 영어는 바

새로운 언어를 공부하면 잘 안 쓰던 뇌 부위가 활성화됩니다.

로 그런 영어입니다. 그리고 영어를 하게 되면 새로운 꿈도 꿀 수 있습니다. 새로운 도전도 할 수 있습니다.

영어를 조금이라도 하면 신납니다. 괜히 기분이 좋고 즐겁습니다. 자신감도 생깁니다. 나도 영어를 할 수 있다는 뿌듯함이 있습니다. 그리고 세상을 더 넓게 볼 수 있습니다. 더 많은 사람들과 사귈 수 있습니다. 특히 외국인들하고 친구가 될 수도 있지요.

100세 영어가 가르쳐주는 대로만 하면 충분합니다. 별로 어려운 게 없어집니다. "영어? 요거 아무것도 아니네!"라고 생각하게 됩니다. 왜냐하면 그렇게 만들어드리니까요. 또 하나의 언어를 가지면 확실히 또 다른 세상을 만나게 됩니다. 어떻습니까? 100세 영어, 하실 만하죠? 집에서 노느니 100세 영어 합시다. 친구분들과 함께해요.

100세 영어로 치매 예방하자!

2개 국어 이상을 사용할 줄 아는 사람들이 1개 국어를 사용하는 사람에 비해 치매 발병이 4년가량 늦는 것으로 나타났습니다. 이와 같은 사실은 2002~2005년 치매 증후로 기억력 클리닉을 방문한 184명의 노인을 대상으로 토론토 대학 비알리스톡 박사팀이 진행한 연구 결과 나타났습니다.

연구 결과 1개 국어를 사용하는 사람들의 평균 치매 발병 연령은 71.4세인데 반해 2개 국어를 사용하는 사람의 발병 연령은 75.5세로 나타났습니다. 연구 결과 1개 국어 이상을 하기 위해 들인 노력이 뇌로 가는 혈류량을 늘리고 신경세포 간의 연결을 강화시켜 치매 예방에 도움이 되는 것으로 나타났습니다.

연구팀은 2개 국어를 사용하기 위한 노력의 과정이 뇌가 항상

활발히 운동하고 활동하게 만든다고 말했습니다.

이 책을 읽는 분 중에 아주 젊은 사람도 있지요? 치매는 나와는 상관이 없다고 생각할지 모릅니다. 하하. 그건 크게 잘못 알고 있는 겁니다. 요즘은 치매 나이가 점점 젊어지고 있다는 사실을 알아야 합니다. 심지어 20대에도 치매가 시작된다고 하는 이 무서운 현실을 잘 알아야 합니다. 그러니 100세 영어를 열심히 훈련해서 치매도 예방합시다!

자, 긍정구호 한 번 하고 계속합시다. 앞으로 100세 영어 세미나와 훈련소에서는 이 구호를 목젖이 아플 정도로 외칠 거니까 미리 잘 연습해 두십시오.

I can do it!

We can do it !

영어는 말만 통하면 된다

도대체 영어의 정체가 뭘까요? 영어가 뭐길래 이렇게도 사람들을 고생시키는 겁니까? 영어는 그냥 말을 통하게 하는 도구입니다. 그러니까 아주 단순한 친구입니다. 더도 아니고 덜도 아닙니다. 자꾸 사람들이 이것저것 하다 보니 점점 복잡해지고 어려워져서 지금처럼 됐지 본래 영어라는 친구는 아주 단순합니다.

미국에서는 어린아이나 길거리에서 자고 먹는 홈리스들도 하는 것이 영어입니다. 그냥 통하면 되는 것입니다. 무슨 학술대회에 나가는 것도 아니고 대단한 학문을 연구하려는 것도 아닙니다. 그냥 말만 통하면 되는 거지요.

본래 영어는 영국에서 나왔습니다. 그래서 영어이지요. 그런데 영국에서 미국으로 건너갔습니다. 미국 사람들이 잘살고 힘이 있어지니까 미국 영어가 힘이 더 세졌습니다. 그러다 보니 전세계의 많은 나라에서 미국 영어를 울며 겨자 먹기로 배우고 있습니다. 미국 영어가 아니면 안 된다는 의식이 깊게 박혀 있었지요.

그런데요 앞으로는 달라집니다. 아니, 지금도 많이 달라지고 있습니다. 굳이 미국 사람들이 하는 영어 그대로 따라하지 않아도 된다는 것입니다. 특히 까다로운 발음이나 다양한 관용어 등입니다. 이런 것들을 다 따라하려고 하면 정말 머리에 쥐납니다. 그렇다고 해서 잘되지도 않고요.

참고로 세계에서 약 20억 명이 영어를 사용합니다. 그런데 이 중에 3억 명만 미국 원어민의 영어를 사용하고 있습니다. 나머지이자 대부분인 17억 명이 모국어가 아닌 영어를 사용하고 있습니다. 한국 사람을 비롯해서 인도, 싱가포르, 필리핀, 중국, 일본 등이 포함되지요.

앞으로는 미국 원어민 영어를 하는 사람들보다 그렇지 않은 사람들의 수가 점점 더 늘어나게 됩니다. 그게 세계적인 추세입니다. **이런 점에서 보면 영어는 이제 미국 영어가 아니라 글로벌 영어입니다. 글로벌 영어!**

그래서 그 까다로운 미국 원어민의 영어를 따라하기 위해 엄청난 돈을 퍼붓고 엄청난 시간을 투자하는 등의 소모적인 고생은 하지 않겠다는 겁니다. 그냥 내가 하고 싶은 말을 전달하고 내가 듣고 싶은 말만 들을 수 있는 수준이면 좋다는 것입니다. 답답한 사람이 샘을 파는 거지요.

언어의 기능이 무엇입니까?

원시시대를 생각해보세요. 왜 언어가 생겨났을까요? 사람들이 없는 곳에서는 언어가 필요 없었겠지요. 점점 사람들이 많아지다 보니 서로 간에 의사를 주고받을 필요가 있어서 생겨났습니다. 처음에는 아주 간단한 단어로 의사소통을 했겠지요. 긴 문장 따위가 필요하지 않았습니다. 그냥 필요한 단어들만 툭툭 던졌습니다. 의사소통, 사실 그게 언어의 본래 기능입니다.

100세 영어도 바로 이 수준이면 아주 만족입니다. 겁 없이 그냥 영어 단어를 툭툭 던지는 것입니다. 다윗의 물맷돌 단어 던지기면 충분합니다.

아주 중요한 연구결과를 하나 소개할게요. 언어학자들이 발표한 내용입니다. 우리가 메시지를 전달할 때 말word이 차지하는 비중은 겨우 7%에 불과하다고 하는 것입니다. 겨우 7%! 나머지 대부분은 말하는 사람의 어조, 말투, 그리고 신체 언어인 바디랭귀지가 차지한다는 것입니다. 이는 똑같은 문장을 가지고 말을 하더라도 억양과 말투와 제스처에 따라 달라진다는 것이지요. 그렇기 때문에 말을 한다는 것은 단지 입으로 문장을 외워서 하는 것이 전

똑같은 말을 하더라도 억양과 말투와 제스처에 따라 달라집니다. 그렇기 때문에 말을 한다는 것은 단지 입으로 문장을 외워서 하는 것이 전부가 아니라는 것입니다. 상대방에게 눈치와 코치로 분위기를 파악하면서 말뿐만 아니라 신체의 여러 가지를 다 동원해서 전달하는 것입니다.

부가 아니라는 것입니다. 상대방에게 눈치와 코치로 분위기를 파악하면서 말뿐만 아니라 신체의 여러 가지를 다 동원해서 전달하는 것입니다.

그러니까 결론은 모로 가도 서울만 가면 되는 겁니다. 어쨌든 상대방이 알아듣게끔 하면 되는 것이지요. 그래서 영어는 그냥 통하면 되는 것입니다. 말이 안 되면 그냥 몸짓으로라도 해서 통하면 되는 것입니다. 그러니 영어를 잘해야 한다는 부담을 갖지 말고 그냥 부딪치는 것입니다.

그런데 궁금해서 다시 확인하는데요. 혹시 토익, 토플, 오픽스를 준비하는 목적으로 이 책을 보는 것은 아니겠지요? 무슨 영어 박사 학위논문을 준비하는 분이 계시나요? 물론 그런 분들이 이 책을 봐도 나쁘지는 않지만 뭐든지 목적을 분명히 한정해야 합니다.

100세 영어는 세 가지 목적을 달성하는 수준에 맞춰 있지요. 해외여행 가서 내가 먹고 싶은 메뉴를 마음껏 주문하기, 자녀들에게 나름 유창하게 영어동화책 읽어주기, 새로운 도전으로 새로운 꿈도 꾸고 치매도 예방하기. 바로 여기까지입니다. 그럼요! 더 욕심은 부리지 말고 거기까지만 생각하시고 시키는 대로만 따라와 주세요. 팔로우 미!

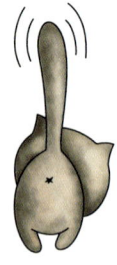

Follow me

한국 사람은 동사, 미국 사람은 명사

혹시 미국 사람이 돈 세는 모습을 봤나요? 어땠어요? 그렇지요. 한 장씩 옆으로 넘기면서 셉니다. 참 이상하다는 생각이 들지요. 그리고 사과를 깎을 때도 보세요. 우리와 반대 방향으로 껍질을 벗겨냅니다. 확실히 미국 사람은 우리와 다른 생각이 들어 있는 것 같아요.

무엇보다도 물건을 주문할 때 보면 확 드러납니다. 숫자부터 말을 합니다! 숫자부터! 예를 들어보면 사과 두 개가 필요하면 **"Two apples, please."** 라고 말합니다. 우리 같으면 어떻게 합니까? 예, 그렇지요. "사과 두 개 주세요." 라고 합니다. 미국 사람은 숫자부터 정확히 말하고 한국 사람은 물건부터 말합니다. 바로 이런 차이가 우리와 미국 사람이 다른 이유입니다.

왼쪽은 산수를 그린 동양화이고 오른쪽은 서양화입니다. 그림을 그릴 때도 미국 사람은 자기가 있는 위치를 중심으로 배경을 확장시킵니다. 한국 사람은 마치 새가 하늘에서 날면서 보듯이 전체 배경을 먼저 시작하고 자기 자신은 그 어디엔가 집어넣습니다.

    영어를 제대로 공부하기 위해서는 이러한 미국 사람과 한국 사람의 생각하는 방식의 차이를 이해하는 것이 중요합니다. 미국 사람은 개체를 중요시합니다. 한국 사람은 관계를 중시합니다. 미국 사람은 자기 자신을 중심으로 세상을 바라봅니다. 한국 사람은 자기 자신을 전체 속에 넣고 봅니다.

    그림을 그릴 때도 미국 사람은 자기가 있는 위치를 중심으로 배경을 확장시킵니다. 한국 사람은 마치 새가 하늘에서 날면서 보듯

미국 사람은 자기 자신을 중심으로 세상을 바라봅니다. 한국 사람은 자기 자신을 전체 속에 넣고 봅니다. 얼마 전 무려 7개국어에 능통하다고 알려진 조승연 작가가 tvN「어쩌다 어른」에 출연한 걸 본 적이 있습니다. 그때 출연자들에게 어항 이미지를 보여준 뒤 어디까지 기억해내는지를 알아보는 재미있는 실험을 했습니다. 대다수 출연자가 어항 이미지를 거의 다 기억해냈습니다. 그런데 샘 해밍턴만 "전 개구리가 왜 저기 있는지 모르겠어요." 하면서 개구리 이야기만 했습니다. 그에게 다시 개구리 외에 기억나는 것은 없느냐고 물었더니 "물고기 몇 마리……. 전, 개구리에 그냥 꽂혔어요." 하고 대답했습니다. 동양인이 어항 전체를 보는 반면 서양인은 한 동물의 성향에 집중한다는 것을 보여준 장면이었습니다. 이렇게 동양인과 서양인은 달라도 정말 다르죠.

이 전체 배경을 먼저 시작하고 자기 자신은 그 어디엔가 집어넣습니다. 산수를 그린 동양화를 보시면 금방 아시겠지요?

관계와 배경을 중심으로 생각하는 한국 사람과 자기자신과 개체를 중심으로 세상을 보는 미국 사람의 생각 차이가 언어에도 당연히 영향을 미칩니다. 즉 한국 사람은 관계를 결정하는 동사에 집중하고 미국 사람은 개체를 결정하는 명사에 집중한다는 사실입니다.

이제 이것을 실감나게 느끼기 위해서 다음 말을 영어로 옮겨보세요.

곤경에 처했어요!

I am in trouble.

잘 보시면 한국 사람은 주어가 없고 바로 일이 일어난 상황을 말했습니다. 물론 급하니까 그렇겠지만 대체로 한국 사람은 주어를 많이 생략합니다. 말끝마다 "내가, 내가, 내가" 하지는 않지요.

미국 사람은 어지간해서는 주어를 분명히 합니다. 물론 생략할 때도 있지만요. 위의 영어를 보면, "나는(I), 빠져 있다, 어려움(trouble)"으로 되어 있습니다.

'나'라고 하는 명사와 '어려움'이라고 하는 명사로 연결되었지

요? 명사와 명사로 표현한 것입니다.

사진을 찍으려고 할 때 마침 미국 사람이 지나갑니다. 주변에 아무도 없을 때 어쩔 수 없이 부탁할 경우가 있지요? 그때 카메라를 주면서 부탁하는 말을 보시지요.

그 버튼을 누르세요.

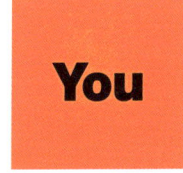

You can press the button.

여기서 잘 보면, 분명하게 'You'라고 하는 명사를 사용했고 'the'라고 하는 관사를 사용했고 'button'이라는 명사를 사용했지요.

You   **the button**

명사와 명사를 생각하는 사고방식입니다.

커피숍에 갔습니다. 얘기가 길어져서 커피를 더 마실 필요가 생겼습니다. 한국 사람은 그냥 이렇게 말하지요? 동사 위주로요. 주어도 생략하고.

(Would you like) more coffee?

미국 사람은 커피라고 하는 명사 위주로 말합니다.

비가 오려고 합니다. 아이가 밖으로 나가려 할 때 한국 사람은 이렇게 말합니다.

우산 가지고 가!

주어도 없고 그냥 동사 위주입니다.

그런데 미국 사람은 이렇게 말합니다.

Take an umbrella with you.

'우산'이라는 명사를 '너'라고 하는 명사와 결합시킵니다. 명사와 명사지요.

| umbrella | you |

극단적인 예를 하나 더 들어볼게요.

I went to the shop and the theater and a school and the stadium and a restaurant.

동사는 하나인데 명사는 계속 연결되어 있지요? 그리고 관사가 정확히 붙어 있지요? 이게 미국 사람의 생각입니다.

이제 조금 이해가 되셨나요? 한국 사람은 동사 위주로 생각하고 미국 사람은 명사 위주로 생각한다는 사고방식의 차이를! 이 차이를 알면 영어를 말하고 들을 때도 조금 더 쉬워집니다. 영어는 명사에 집중하세요.

2장
100세 영어의 비밀무기

겁내지 않고 당당하게 나아가

거침없이 한 방 먹이는 것!

ABCDEFG
HIJKLMN
OPQRST
UVWXYZ

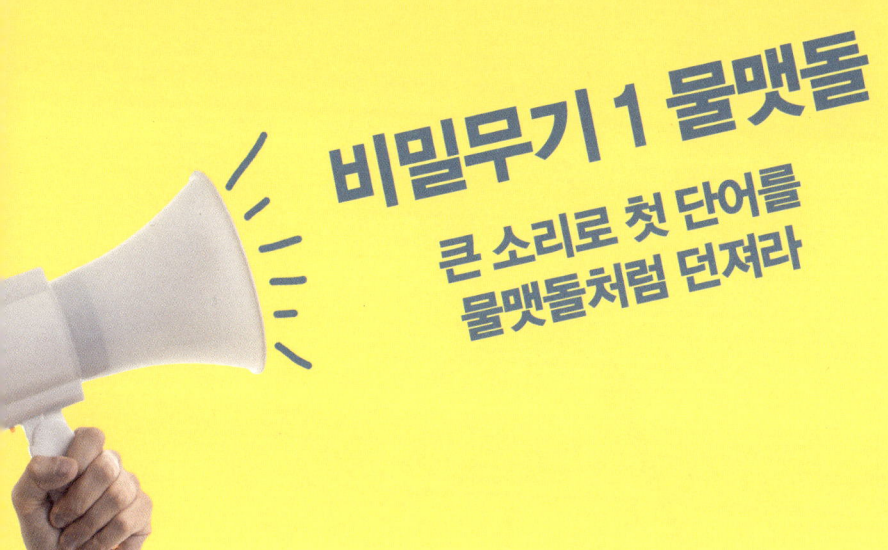

비밀무기 1 물맷돌
큰 소리로 첫 단어를 물맷돌처럼 던져라

지금부터 100세 영어의 비밀무기인 물맷돌을 배웁니다. 이것이 100세 영어의 가장 중요한 핵심입니다. 이걸 위해 100세 영어가 존재하는 것입니다. 자, 길을 가다가 미국 사람과 마주쳤습니다! 그런데 너무 무섭네요! 혹시 말을 걸어오면 어떡할까! 피할 길도 없고 정말 식은땀이 납니다.

골리앗을 보는 듯합니까?
무슨 말을 걸어올까……
머리가 지끈거리기 시작합니까?

그러나 걱정할 필요가 없습니다.
거대한 골리앗을 한 방에 무너뜨린
물맷돌이 있습니다.
"짠!"

물맷돌이란

『국어사전』에는 '곡식에 물을 섞어서 갈 때 사용하는 맷돌'이라고 되어 있습니다. 여기서 말하는 물맷돌은 무릿매로서 '잔돌을 짤막한 노끈에 걸고 두 끝을 한데 잡아 휘두르다가 한끝을 놓으면서 멀리 던지는 팔매'를 말합니다. 『국어사전』에는 유의어로서 물맷돌을 위와 같이 설명합니다. 영어로는 **stone-slinging** 스톤 슬링잉 입니다.

『성경』에서는 다윗과 골리앗의 대결에서 등장합니다.

혹시 골리앗을 모르는 분들을 위해 아주 간단하게 소개할게요. 『구약성경』에 나오는 이야기인데요. 당시에 이스라엘과 블레셋이라는 나라가 서로 싸우고 있었습니다. 어느 날 서로 군대를 마주하고 '으르릉'거리고 있었습니다. 그때 블레셋에서 덩치가 아주 큰 거인이 나왔습니다. 그 이름이 골리앗이지요. 골리앗은 큰 소리를 쳤습니다.

러시아 화가 일리야 레핀Ilya Repin이 1915년에 발표한 「다윗을 비웃는 골리앗Goliath laughs at David」. 골리앗은 다윗을 보고 크게 비웃었습니다. "네까짓 것이 나를 상대해?" 다른 사람들도 덩달아 웃었습니다. 그런데 다윗은 조금도 주저하지 않고 아주 당당하게 나왔습니다.

"이스라엘에서 누구든 나와서 나와 한 판 겨루자!"

이스라엘에서는 그를 보고 너무 겁이 나서 아무도 나오지 않았습니다. 사실 엄청 겁이 났지요. 저 덩치를 누가 당할 수 있단 말입니까. 그런데요 그때 아주 어린 소년이 "짠!" 하고 나왔습니다. 바로 다윗이었지요. 양을 치던 목동이었습니다. 손에는 칼 같은 그 어떤 무기도 없었습니다. 단지 시냇가에서 주운 돌맹이 다섯 개뿐이었지요. 물매와 돌맹이 다섯 개! 물맷돌!

골리앗은 다윗을 보고 크게 비웃었습니다. "네까짓 것이 나를 상대해?" 다른 사람들도 덩달아 웃었습니다. 그런데 다윗은 조금도 주저하지 않고 아주 당당하게 나왔습니다. 똑바로 골리앗의 눈을 쳐다봤습니다. 절대로 시선을 피하지 않았습니다.

그리고는 골리앗을 향해서 달렸습니다.

"쑝-----!!!!"

한 개의 물맷돌을 던졌습니다. 그리고 그 물맷돌은 골리앗의 이마 중앙에 박혔습니다.

"꽈당!"

골리앗이 한 방에 쓰러졌습니다. 이게 바로 다윗의 물맷돌입니다. 무서운 상대 앞에서도 조금도 떨지 않고 아주 당당하게 거침없이 나아가서 '한 방'에 끝냈지요. 겁내지 않고 당당하게 나아가 거침없이 한 방 먹이는 것!

100세 영어는 바로 이렇게 거침없이 '다윗의 물맷돌을 던지는 영어'입니다. 그동안 세상에 없었던 방법입니다. 이제 좀 감이 잡히시죠? 첫말이 떨어져야 그다음 말도 풀려나갑니다. 첫말을 시작하는 게 정말 어렵습니다. 첫말을 시작하는 훈련이 바로 물맷돌 훈련입니다.

지금부터는 어떤 순서로 다윗의 물맷돌을 던지는지 알아봅니다. 지나가다가 미국 사람을 만났습니다.

똑바로 상대방의 눈을 본다

절대로 눈을 피하지 마세요. 당당하게 보세요.

분위기를 슬쩍 살핀다

무조건 말을 걸기보다는 우선 분위기를 슬쩍 살핍니다.

첫 물맷돌을 던진다

말을 해야 하는 분위기라면 첫 물맷돌을 던지세요! 무식하고 용감하게! 첫 말!

여기까지가 끝입니다. 이게 100세 영어입니다.

첫 물맷돌을 던지는 것까지만 할 수 있다면 그다음은 전혀 걱정할 일이 없습니다. 어떻게든 그냥 풀려나갑니다. 첫 물맷돌을 던지는 게 어렵습니다. 그런데 실제로 보면 미국 사람 입장에서 한국 사람이 그것도 나이가 좀 든 사람이 영어로 한 마디 하면 참 신기하게 생각합니다. 그래서 절대로 말을 빨리 하지 않습니다. 한국 사람에 맞게 천천히 또박또박 말을 해줍니다. 그래서 전혀 걱정할 게 없습니다. 첫 말을 던지는 게 그래서 중요하다는 말입니다. 아시겠지요?

이때 절대로 발음은 신경 쓰지 마세요. 발음은 중요하지 않습니다. 미국식 발음이 아니더라도 세계에는 수백 가지의 다른 발음이 존재합니다. 우리는 한국식 영어 발음만 하면 됩니다. 첫 물맷돌을 거침없이 던지기 위한 훈련은 뒤에서 하게 됩니다. 물맷돌 던지기 훈련에서 말입니다.

DON'T WORRY

발음은 신경 쓰지 말되 소리는 크게 내세요!

대체로 한국 사람들이 영어를 할 때는 모기소리 만해서 미국 사람들이 알아먹기 힘이 든다고 해요. 크게 소리 내세요. 특히 끝소리가 분명하게요. 그러면 기적이 일어납니다. 기적이!

큰 소리로 말하라

큰 소리를 내는 것도 훈련이 필요합니다. 한국 말을 할 때도 작은 소리로 하는 것과 큰 소리로 하는 것이 다릅니다. 영어는 한국 말보다 더 강하고 센 소리입니다. 뒤에 영어 발음 부분에서 더 다루겠지만 먼저 아셔야 할 것이 있습니다. 영어는 주파수가 한국 말보다 훨씬 높습니다. 그래서 세고 강한 소리가 나는 것입니다.

우리가 영어를 할 때 대부분의 사람들은 자신감이 없어서 그럴 수도 있겠지만 아주 작은 소리를 냅니다. 그래서는 안 됩니다. 큰 소리를 내야 합니다. 발음이 틀려도 전혀 상관이 없습니다. 중요한 것은 말이 전달되는 것입니다. 마지막 말까지 확실하게 전달되는 것이 더 중요합니다. 한국 말도 끝이 희미한 경우가 많지요. 습관입니다. 잘 못 알아 듣지요. 영어는 더 합니다. 영어는 무조건 큰 소리를 내야 합니다.

그리고 한 가지 더!
큰 소리로 말하되 절대 빨리 말하지 않아야 합니다.
천천히 또박또박하는 게 좋다는 말입니다.
물론 지금 수준에서는 빨리할 수도 없겠지만
설사 빨리할 수 있다고 해도 빨리할 이유가 없습니다.
천천히 또박또박 영어를 말해도 좋다는 얘기입니다.
급할 이유가 하나도 없습니다.

물맷돌에 무너진 미국 사람

처음 마주친 미국 사람입니다.

환갑을 훨씬 넘긴 제가 먼저 다윗의 물맷돌을 꺼내 들었습니다. 그리고 내던졌습니다. 발음? 상관없습니다. 어법? 필요없습니다. 단어? 그냥 머리에서 나오는 대로 집어 던졌습니다. 두 눈을 똑바로 보고 크게 소리쳤습니다. '크게'가 중요합니다. 배에 힘을 주고 '크게!'

"헬로우? 굿? 오케이?"

우선 내 입에서 어떤 말이든 '단어'가 튀어나왔다는 게 중요합니다. 사실 요게 어렵습니다. 일단 단어가 튀어나오면 그다음부터는 어쨌든 진행이 됩니다.

이 사람은 3분도 안 되어 무너졌습니다. 정확히 2분 42초 만입니다. 그리고 명함을 주고받으며 친구가 되었습니다. 이것이 바로 100세 영어입니다. 거칠 것이 없습니다. 그냥 물맷돌을 던지세요! 뻔뻔하고 당당하게 말입니다. 본래 외국어는 철판 깔고 하는 겁니다.

우선 내 입에서 어떤 말이든 '단어'가 튀어나왔다는 게 중요합니다. 사실 요게 어렵습니다. 일단 단어가 튀어나오면 그다음부터는 어쨌든 진행이 됩니다. 물맷돌은 바로 이런 역할을 단단히 합니다. 본래 급하고 중요한 말을 먼저 하는 게 영어나 한국어의 순서이지만, 그냥 던지세요.

'큰 소리'로 '첫 단어'를 던지세요!

싸움에는 기선제압이 중요합니다. 먼저 주도권을 잡는 사람이 이기지요. 조금 유식한 말로 『손자병법』에 '선승이후구전先勝而後求戰'이라고 합니다. 해석하자면 '이겨 놓고 싸운다'는 말입니다.

영어도 마찬가지입니다.
미국 사람을 만나면 절대로 쫄지 말고
그냥 부딪히세요. 미국 사람이라고 뭐 별거 있나요?
그냥 사람이지요. 영어라는 걸로 소통을 하는
그냥 사람입니다. 그래서 마음가짐이 참 중요합니다.
마음가짐! 그냥 내질러버리세요.
100세 영어는 이겨놓고 싸우는 영어입니다.

비밀무기 2 어순 기차
어순을 알아야 영어를 한다

영어를 이해하는 첫걸음은 어순을 이해하는 것입니다. 어순이 뭘까요? 말의 순서입니다. 한국 말과 비교하면 이 점에서 결정적으로 차이가 납니다. 우리 한국 사람들이 영어를 잘 못하는 가장 큰 이유가 바로 여기에 있습니다. 예를 들어볼까요?

"나는 사과를 좋아해."

한국 말이라면 어떻게 순서를 바꿔도 의사소통이 됩니다.

나는 사과를 좋아해
사과를 나는 좋아해
좋아해 나는 사과를
나는 좋아해 사과를

어떻습니까? 아무렇게나 순서를 바꿔도 무슨 말인지는 아시겠지요? 이게 한국 말입니다. 이런 특징 때문에 외국 사람들이 한국 말을 배우기가 어렵다고 하는 이유입니다. 도대체 순서가 없습니다. 이렇게도 말이 되고 저렇게도 말이 됩니다. 참 유연성이 많습니다.

그런데 영어를 볼까요?

I like apples: 나는 사과를 좋아한다.
apples like I(me): 사과가 나를 좋아한다? 이런!
Like I apples: 이게 무슨 말인지?

이게 영어입니다. 한국어와 확실히 다르지요? 영어는 자기 자리가 있습니다. 거의 고정된 자리입니다. 그렇기 때문에 오히려 영어가 배우기 쉽다고 합니다. 한국어와 영어가 이렇게 다릅니다. 한국어는 자기 멋대로인데 영어는 확실하게 자리 자리! 금성에서 온 여자, 화성에서 온 남자보다도 다른 것이 바로 한국 말과 영어입니다. 감 잡으셨지요?

영어는 근본적으로
우리와는 전혀 다른 놈입니다.
이걸 잘 알아야 합니다.
이놈은 '어순'만 먹고 삽니다.

그래서 영어를 배우기 위해서는 영어가 생긴 대로 그대로 배워야 합니다. 한국어처럼 생각해서는 절대로 안 됩니다. 영어를 확실하게 이해하기 위해서는 어순에 대한 감각을 분명하게 해야 합니다.

이제 아셨지요? 영어의 정체를? 본래 제대로 어순 감각을 익히려고 한다면 많은 영어책을 읽어야 합니다. 적어도 일주일에 한 권 정도는 영어 원서를 보는 그런 노력으로 책을 읽으면 확실하게 어순을 잡습니다. 다양한 쓰임새를 책을 통해 보는 것이지요.

그런데 이 노력이 사실 보통이 아닙니다. 결코 쉽지만은 않지요. 시간이 충분해서 출근도 하지 않고 매일 영어원서를 본다면 달라지겠지요. 그렇게 해도 어순 감각을 완전히 익히는 것은 쉽지 않습니다. 미국 사람이 되어야 가능합니다. 그래서 이 책에서는 차선책으로 기본어순의 판을 만들어서 그것을 익히게 하는 것입니다. 사실 이것만 제대로 해도 충분합니다. 목적을 분명히 하면 됩니다.

제가 어디서 황당한 일을 봤는데요. 작은 마을의 조합장 취임식에 초대받아 갔습니다. 그런데 귀빈을 모시는 단상에 초대받은 사람의 이름표가 붙은 의자들이 있었습니다. 식이 시작될 무렵에 어떤 분이 허겁지겁 달려와서는 자기 자리를 찾았습니다. 그런데 그 자리에 이미 다른 사람이 앉아 있었습니다. 순간 난리가 났지요. 자기 자리를 비켜달라는 것이에요. 이미 앉은 사람은 본래부터 자

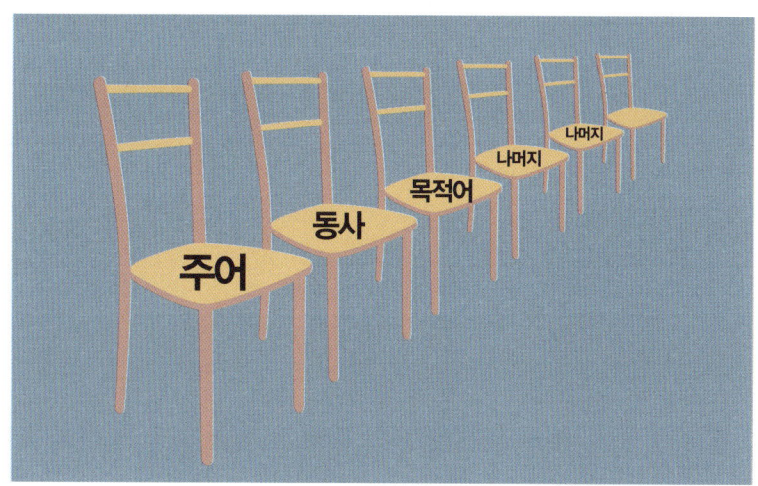

영어는 자기 자리가 있습니다. 거의 고정된 자리입니다. 그렇기 때문에 오히려 영어가 배우기 쉽다고 합니다.

기 자리가 어디 있느냐고 버티고 있었고요.

식이 시작된 후에도 두 사람은 계속 자리 다툼을 하고 있었습니다. 절대로 양보할 수 없다고 말입니다. 자리가 그렇게 중요한 걸 그때 처음 알았습니다. 영어의 어순도 바로 그런 것인가 봅니다. 절대로 양보할 수 없는 어순!

어순을 잡는 절대무기 동주어순판

어떻게 어순을 잡을까요? 어순만 제대로 잡으면 영어의 80%는 해결한 것과 같습니다. 지금 시중에는 수많은 영어 관련 책이 쏟아져 나와 있습니다. 하루에도 몇 권이 새 책 코너에 비치되고 있습니다. 그런데 어순을 잡는 책은 뜻밖에 그렇게 많지 않습니다.

100세 영어에서 준비한 어순을 잡는 무기가 있습니다. 바로 동주어순판이라는 무기지요! 동주어순판! 이게 뭡니까? 동주라고 하니까 한국인의 대표적 애송시「서시」를 쓴 윤동주 시인이 생각나지요? 이 참에 머리도 식힐 겸「서시」를 한번 읽어봅시다.

서시

죽는 날까지 하늘을 우러러
한 점 부끄럼이 없기를
잎새에 이는 바람에도
나는 괴로워했다.
별을 노래하는 마음으로
모든 죽어 가는 것들을 사랑해야지
그리고 나한테 주어진 길을

걸어가야겠다.

오늘 밤에도 별이 바람에 스치운다.

읽을수록 참 좋은 시입니다. 저절로 마음이 숙연해집니다. 주어진 삶을 열심히 잘살아야지 하는 생각이 들지 않습니까? 영어공부 잘해야지 하는 생각도 들지 않습니까?

자, 이제 다시 동주어순판으로 돌아갑시다.

동사가 어순을 결정한다

동주어순판은 동사와 주어로 시작되는 어순판입니다. 동사와 주어, 그래서 동주입니다. 동사가 어순을 결정합니다. 이 말은 엄청나게 중요합니다. 영어어순을 익히는 데 있어서 결정적으로 중요한 포인트입니다. 영어는 동사가 결정되면 비로소 다른 내용어와 기능어들이 자리매김을 합니다.

그러니까 동사가 먼저 떡 하니 자리를 차지해야 다른 놈들이 자기 자리를 찾아간다는 말이지요. 예를 들면 이렇습니다.

I like apples.

여기에서 무엇보다도 'like'라는 동사를 먼저 생각해야 합니다. 동사 **like**가 가운데에 자리를 해야 비로소 **I**와 **apples**가 자리를 하게 된다는 것이지요. 이런 면에서 보면 동사가 왕입니다! 아니 여왕입니다!

사실 동사를 제대로 이해하는 것은 참 어렵습니다. 오죽 했으면 『동사를 알면 영어가 보인다』『영어의 핵, 동사』라는 책이 나왔겠습니까? 동사가 그만큼 어렵고 중요하다는 말입니다.

동사가 뭡니까? 한자로는 動詞이고 영어로는 verb입니다. 그대로 해석하면 '사람이나 사물의 동작이나 작용을 나타내는 품사'입니다.

동사는 Be동사와 Be동사가 아닌 동사로 나눕니다. Be동사는 우리가 잘 아는 '**am**, **are**, **is**, **was**, **were**'입니다. Be동사는 주어와의 관계를 = 으로 연결하는 것입니다. 예를 들어볼까요?

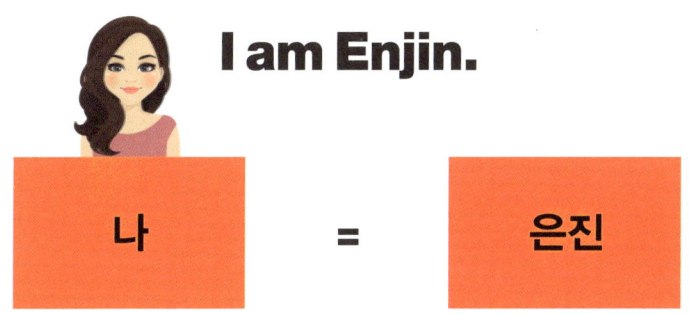

나는 은진입니다. 나 = 은진

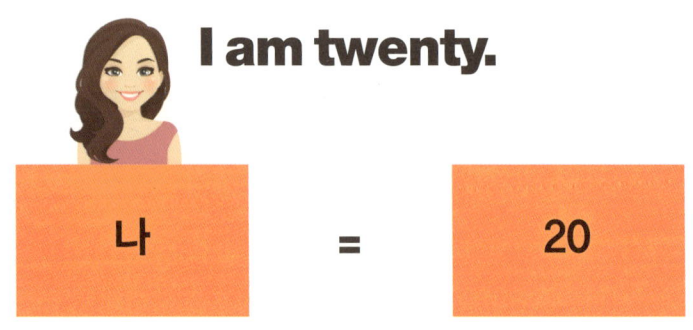

나는 스무 살입니다. 나 = 20

나는 행복합니다. 나 = 행복

한 문장은 반드시 주어와 동사가 있어야 합니다. 물론 주어가 생략될 수는 있지만 동사는 반드시 있어야 합니다.

I am happy.를 I happy라고 말해서는 안 됩니다. 동사인 am이 반드시 있어야 합니다. 영어를 잘하려면 무엇보다도 Be동

사에 대한 감각이 있어야 합니다.

Be동사 외에는 Be동사가 아닌 동사입니다. **have**를 비롯해서 **eat**, **go** 등 여러 가지가 있습니다. 우리가 먹고 자고 다니고 활동하는 것들이 바로 Be동사가 아닌 동사입니다. 동사 중에서 특히 많이 사용되는 동사는 대략 이렇습니다. **make**, **get**, **take**, **have**, **keep**, **give**, **look**, **find**, **leave**, **help**, **want**, **need**, **ask**

이들 동사는 본래의 뜻도 있지만 여러 가지 의미로도 사용이 됩니다. 그래서 동사는 도무지 알 수 없는 요물과도 같습니다. 고집도 세고 어떤 경우에는 절대로 양보도 하지 않고. 자기 마음대로 주어도 목적어도 고르고 바꾸고 합니다. 동사 세상인 것이지요.

그런데 동사란 놈을 제대로 알기 위해 엄청난 시간을 퍼부을 필요는 없습니다. 그냥 기본적인 동사의 역할만 이해하는 정도로 족합니다. 동사의 자리는 다른 것들의 자리까지도 결정되는 것인 만큼 늘 신경을 써야 합니다.

지금부터 동사의 자리매김을 알아봅니다. 자, 먼저 동사를 자리

에 앉힙니다.

그리고 주어를 그 두 번째로 앉힙니다. 동사와 주어 순입니다. 그래서 동주입니다.

마지막으로 나머지를 앉힙니다.

어떻습니까? 이게 동주어순판입니다.

와우! 문어를 보세요! 동사가 중심에 자리 잡고 있으면 나머지도 자기 자리에 앉아 있는 게 실감나게 느껴지지요? 문어를 보니까 꿀꺽 먹고 싶어지네요. 문어를 많이 드세요. 참고로 몸이 허할 때 문어가 그리 좋대요. 문어의 효능을 간단히 볼까요?

문어는 무엇보다도 칼로리가 낮은 최고의 다이어트 음식입니다.

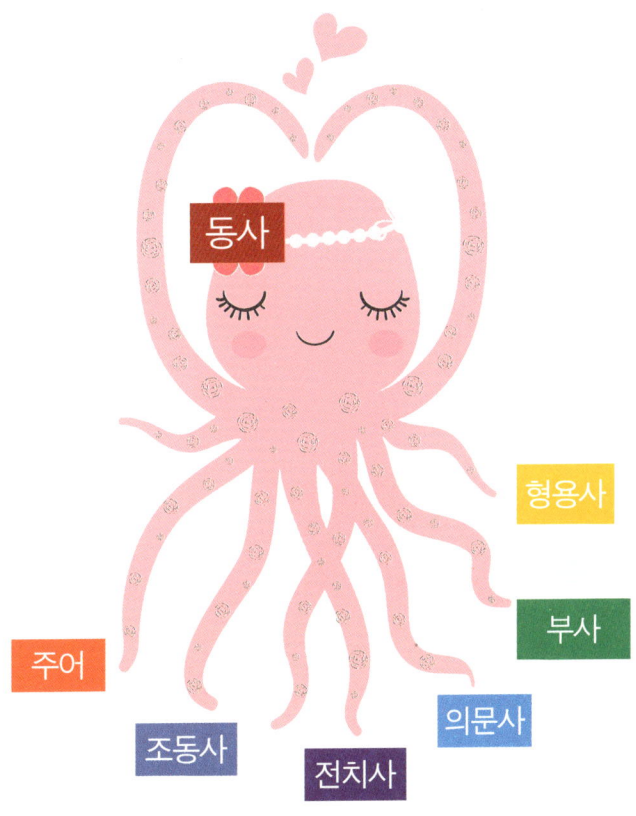

콜레스테롤 수치가 높으면 혈액순환 장애를 유발하고 각종 성인병의 원인이 됩니다. 문어에는 풍부하게 함유된 타우린 성분이 혈압을 안정시키고 동맥경화, 협심증, 심근경색 등을 유발하는 나쁜 콜레스테롤의 생성을 억제하고 분해시키는 효과가 있다고 합니다. 그래서 동맥경화와 심장병 같은 각종 성인병 예방에 도움이 된다고 하니 지금 곧바로 문어부터 먹고 공부 계속합시다.

누가 쏜다고요?

네. 참 잘하는 일입니다. 나이가 들수록 주머니가 가벼워지지만 그래도 한 번 정도 쏠 때는 쏴야 합니다. 내가 무엇을 주면 반드시 내게 돌아오는 것이 세상입니다. 공짜 좋아하는 사람치고 말년에 잘 사는 사람 없습니다. 이건 100세 영어만큼이나 검증된 진리입니다.

동사가 어순을 결정하는 주인공은 맞지만
영어의 시작은 어디까지나 주어부터 한다는 것을
잊지 말아주세요. 주어 그리고 동사 순서입니다.
물론 주어가 생략되는 경우가 있지만요.

인도 영어의 비밀은 무엇인가

 최근에 인도 영어가 관심을 받고 있습니다. 한국 사람도 인도 영어로 공부하면 금방 끝난다고 선전하고 있지요. 여러분, 인도에 가 보셨나요? 인도 하면 생각나는 게 뭡니까? 간디? 네루 수상? 타지마할? 아니면? 인도 카레? 갠지스강? 많지요. 인도는 매우 큰 나라이고 인구도 13억 4,000만 명 정도나 됩니다. 와우!

 대부분의 인도 사람들은 영어를 막힘없이 잘합니다. 발음은 아주 이상하지만 그런대로 의사소통은 무리 없이 하고 있습니다. 인도 영어에는 몇 가지 특징이 있습니다. 발음은 전혀 신경을 쓰지 않는다는 것입니다. 인도 사람들이 영어하는 것을 직접 들어보셨나요? 정말 가관입니다. 혀가 어떻게 꼬부라졌는지 도무지 이해가 안 되는 발음을 하거든요. 그래도 잘합니다. 누구 눈치도 보지 않고 당당하게 말합니다. 그리고 인도 영어에는 쓰는 단어가 아주 단

순합니다. 자기들이 아는 단어로만 말을 합니다. 일부러 단어를 외운다고 골머리를 짜지 않습니다.

발음 노 케어, 단어 노 케어! 이게 인도 영어입니다. 그것 참!

인도 영어가 내세우는 나름의 영어공부 방식이 있습니다. 바로 어순으로 배우는 것입니다. 그것도 표준 어순을 익히는 단 세 개의 동사로 말입니다.

sound find give

예를 들어볼까요? 먼저 sound입니다.

You sound good.
당신은 좋아 보인다.

여기서 You = good

이런 관계로 된 어순을 익히는 것이지요.

두 번째는 **find**입니다.

I find her beautiful.
나는 그녀가 아름답다는 것을 발견한다(안다).

여기서 I, 발견하다, her = beautiful

이런 관계로 된 어순을 익히는 겁니다.

마지막으로는 **give**입니다.

I give him a gift.
나는 그에게 선물을 준다.

여기서 I가 주는데 him에게 gift를 줍니다.

이렇게 **sound**, **find**, **give**를 중심으로 충분히 어순을 익혀서 즉각적으로 말하게 하는 훈련입니다. 아주 단순한 기본을 완전히 숙달시키면 나머지도 저절로 응용되어 활용이 가능하다는 것입니다.

사실 영어는 이렇게 쉽고 간단한 것을 몸에 배게 하는 게 중요합니다. 그저 머리에만 머무는 지식이 아니라 몸으로 말하는 체화 영어가 중요하다는 것이지요. 바로 튀어나오는 영어! 어순을 익히는 훈련은 뒤에 있는 물맷돌 훈련에서 하게 됩니다.

어순을 잡는 '달리는 기차'

| 기관차
(주어) | 1호차
(동사) | 나머지 | 나머지 |

영어는 그 어떤 것보다도 어순이 중요하다고 했지요? 어순을 이해하기 위해서는 달리는 기차를 잘 관찰하면 좋습니다. 위 기차를 보면 기관차, 1호차, 나머지 호차들이 있지요. 일단 기관차가 엔진을 돌리며 앞으로 출발해야 합니다. 출발하지 못하면 기차는 있으나마나입니다.

머뭇거리지 않고 출발하게 만드는 것이 바로 '물맷돌'입니다. 앞차가 출발하면 저절로 1호 차와 나머지 호차들이 따라서 나아갑니다. 기관차에는 주어가 타고 있습니다. 기관사입니다. 주어는 명사가 독식합니다. 명사가 세긴 세지요. 명사로 된 기관사가 기차를 가게 만듭니다. 그런데 주어 하나만 달랑 타는 경우도 있지만 가끔은 손님을 태웁니다. **Do**, **Can** 등 우리가 이미 익숙한 친구들이지요.

Do you understand?

Can I eat?

그 외에도 많은 친구들이 합류할 수 있습니다.

1호차에 동사가 보이지요? 이 기차의 주빈입니다. 그래서 맨앞에 탔네요. 동사는 워낙 많이 움직이는 놈이라 멀미가 심해서 맨 앞칸에 탑니다. 기관사는 동사가 가자고 해야 갑니다. 전체 호차의 돈을 다 냈거든요.

동사도 혼자 떡 하니 자리를 차지할 경우도 있지만 친구들과 함께 탈 수도 있습니다.

I want to see you.

Will you eat out now?

한 문장 안에는 주어와 동사는 딱 한 개씩뿐이라는 것을 꼭 명심하세요.

그리고 나머지 호차에는 타고 싶은 손님들을 태웁니다. 그런데

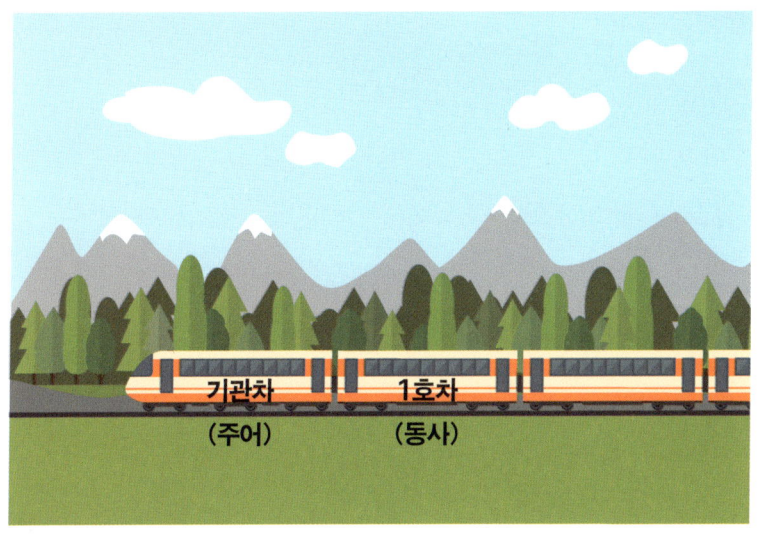

　대체로 그 순서는 주어와 가까운 놈을 먼저 태웁니다. 주어의 상태를 보다 자세히 설명하거나 주어가 궁금하게 생각하는 순서이지요. 보통은 전치사와 함께 탈 경우가 많습니다. 뒤에 붙는 나머지 호차들은 얼마든지 길게 만들 수 있습니다. 자꾸 가져다 붙이면 됩니다.

　제가 미국에 있을 때는 한 번 철도 건널목에 신호가 걸려 거의 30분 이상을 차 안에서 기다린 적도 있었어요. 정말 엄청 긴 기차였습니다. 아무리 길어도 기관차가 출발하지 않으면 꼼짝도 못하지요. 꼼짝도! 달리는 기차를 보면 영어와 꼭 같다는 생각을 많이 하게 됩니다. 미국 사람의 말을 들을 때도 가장 중요한 주어와 동사가 타고 있는 앞부분에 신경 바짝 기울여 들어야 합니다. 나머지 뒷부분은 덜 중요한 내용들입니다.

 내가 말을 하고 싶을 때도 마찬가지입니다. 기관차와 1호차에 하고 싶은 중요한 말을 다 넣어서 말해버리는 것입니다. 영어는 앞부분이 가장 중요합니다. 한국 말은 뒤죽박죽이라서 어디가 중요한지 모릅니다. 끝까지 들어봐야 압니다. 말하는 사람 마음입니다. 끝까지 들어봐야 아는 게 한국 말이라면 처음부터 무엇을 말하려는지 알 수 있는 게 영어입니다.

 이런 점이 영어와 한국 말이 근본적으로 다른 대목입니다. 그래서 영어는 알고 보면 오히려 쉬운 말이라는 것이지요. 자리가 분명히 정해져 있고 중요한 것은 거의 앞부분에 있으니까요.

 건널목에 있다고 생각해보세요. 기차가 달려오면 앞부분 두 칸을 정신 바짝 차려서 봅시다. 그리고 한 번 지나간 기차는 다시는 돌아오지 않지요. 훅 그냥 지나가면 끝입니다. 훅 지나갑니다. 영

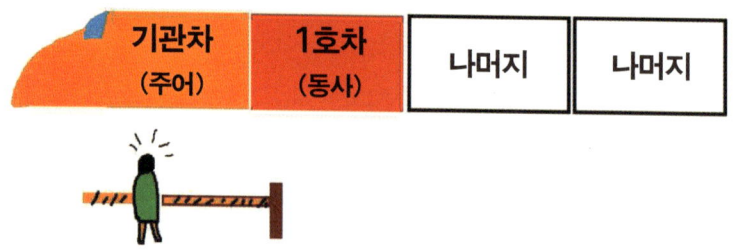

어가 그렇습니다. 훅 지나가면 끝입니다.

그래서 눈앞에 지나가는 대로 무슨 말을 하려고 하는지 재빨리 알아차려야 합니다. 영어를 들을 때 절대로 끝까지 들어보고 무슨 말인가 거꾸로 생각해서는 안 됩니다. 눈앞에 훅 지나가는 대로 의미를 파악해야 합니다. 정말 순식간에 지나갑니다.

영어는 감각입니다. 미국 사람의 머릿속에 들어가서 그들의 생각을 읽어야 합니다. 느낌이 참 중요하지요. 느낌! 어순이라는 것도 말하는 미국 사람의 느낌을 잡을 수 있어야 하는 것입니다. 일단 하고 싶은 말을 먼저 합니다. 뒤에는 무슨 일이 일어날지 신경 쓰지 마세요. 말도 못하고 꼴까닥 죽을 수도 있지요. 그래서 우선 급하고 중요한 것을 먼저 말해버리세요. 그리고 난 뒤에는 조금 여유가 생기지요. 그래서 그 나머지는 궁금한 것이나, 조금 더 설명이 필요한 것들을 하나씩 붙여 나가세요. 바로 이게 어순입니다. 이게 미국 사람의 생각방식입니다. 알고 보면 어려운 것은 없습니다. 그렇지요?

다시 중요한 것을 정리합니다

영어를 한다고 하면 항상 기관차와 1호차를 주목하세요. 중요한 것은 앞부분에 있습니다. 한 번 지나가면 다시 돌아오지 않으니 지나가는 그 순간순간 의미를 재빨리 파악해야 합니다.

내가 말할 때도 마찬가지입니다. 기관차부터 내미세요! 툭하고 말을 던져 넣어야 합니다. 중요한 말부터. 우리는 이 훈련을 뒤에 나오는 다윗의 물맷돌 훈련에서 숙달합니다. 걱정하지 마세요. 그냥 따라하면 됩니다.

100세 영어는
'물맷돌'과 '달리는 기차'가
핵심입니다.

기관차 (주어)	1호차 (동사)	나머지	나머지

우선 중요하고 급한 것부터 '주어(명사) + 동사'로
말해놓고, 나머지는 궁금한 것이나 설명이
필요한 것을 하나씩 붙입니다.
이것이 바로 영어어순입니다.

3장
100세 영어의 발음 비결

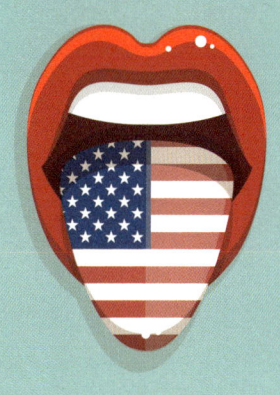

ABCDEFG
HIJKLMN
OPQRST
UVWXYZ

내 영어 발음은 어느 수준인가

내 발음은 어느 정도인지 잠시 테스트해볼까요? 아래에 있는 단어를 발음해보세요. 제가 직접 들어봐야 하는데 그럴 수 없어서 안타깝네요. 어땠어요? 정확히 발음이 됩니까?

stress

get

accessory

bed   bad

fool   full

ill   eel

기왕이면 다홍치마

100세 영어의 특징은 "발음은 신경 꺼라!"였지요. 발음까지 잘하려고 하면 정말 끝도 없습니다. 그리고 어느 나라 발음을 해야 잘하는 발음입니까? 미국 사람 발음? 영국 사람 발음? 캐나다 사람 발음? 핀란드 사람 발음? 아니면 중국 사람 발음? 일본 사람 발음? 케냐 사람 발음? 에티오피아 사람 발음? 오만 사람 발음? 베트남 사람 발음? 티벳 사람 발음?

앞에서도 언급했지만 이제는 미국 본토 영어보다도 비 원어민 영어를 더 많이 사용합니다. 그래서 발음은 그렇게 신경 쓰지 않아도 된다고 했습니다. 인도 사람 발음이나 일본 사람 발음을 들어보면 정말 가관입니다. 제가 미국에서 살 때 옆집에 살았던 일본 사람이 했던 말이 아직도 기억납니다.

before를 "비호와"라고 말하고 맥도날드를 "마끄도나르도"라고 말했지요. 그렇지만 미국 사람하고 별 불편 없이 대화를 하곤 했습니다. 영어는 그냥 통하면 됩니다. 본래 기능이 그저 통하는 것이잖아요.

그런데요. 자녀들에게 영어동화책을 읽어줘야 한다니까 문제가 조금 심각해집니다. 아주 어릴 때부터 오리지널 미국 발음을 들으며 자란 아이들이 아닙니까? 괜히 이상하게 발음하면 아이들이

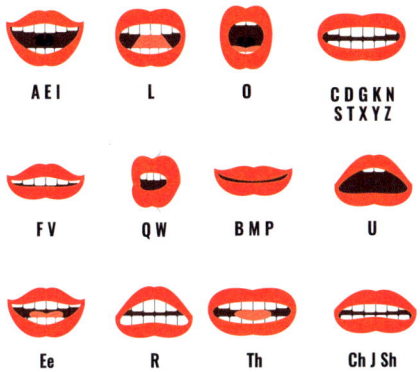

잘 알아듣지 못할 것이지요. 그래서 발음연습을 조금 할 필요가 있네요.

  기왕이면 다홍치마라고 나쁜 발음보다야 좋은 발음이 훨씬 좋겠지요. 일부러 나쁜 발음을 고집할 이유가 혹시 있나요? 그래서 지금부터 '대충' 유창하게 들리는 발음 특강을 하겠습니다. '대충'이라는 의미는 제대로 발음을 하기에는 많은 시간이 걸리고 또 지금 우리들 나이에 그렇게까지는 하지 않아도 되기 때문에 '대충'이라고 한 것입니다.

  지금 소개하는 발음 특강은 사실 매우 중요한 내용입니다. 10년 전에 『노병천 영어본토발음』이라는 책을 집필하고 당시에 선풍적인 인기를 끌었던 내용입니다. 영어를 목숨처럼 사용해야 하는 한미연합사령부 간부들에게 강의를 했고 전군의 장교단에게 강의했고 육군정보학교에서도 강의했던 내용입니다. 연세대, 교통대, 백

석대, 나사렛대 등 여러 대학에서도 강의했고 여러 기관과 단체 등에서도 강의했던 내용입니다. 심지어 대학교의 영어교수, 학교의 영어교사, 유학생 등에게도 강의했던 내용입니다. 신문에도 몇 번 났고 아주 큰 반향을 일으킨 영어 발음법이었지요.

그때보다 더 업그레이드를 한 내용을 지금부터 몇 가지만 간단하게 소개합니다. 전부 다는 할 수 없지요. 100세 영어 세미나나 훈련소에서 발음까지 다룰 생각입니다. 불과 80분 만에 발음이 확 바뀝니다. 거짓말같이 바뀝니다. 공식적인 단체를 비롯해서 수만 명이 경험했습니다.

어? 그래도 안 믿으세요? 비교적 최근에 저에게 보내온 이메일 하나를 소개할게요. 그대로 싣습니다.

보낸사람: "꾸준한업데이트" 〈chlim11@hanmail.net〉
받는사람 : 〈1919roh@daum.net〉
날짜: 2011년 9월 01일 목요일, 14시 06분 22초 +0900
제목: 본토발음

안녕하세요! 저는 노 박사님이 지은 책으로 연습하고 있는 40대 후반의 직장인입니다.

업무로 인하여 영어 듣기, 말하기에 스트레스를 많이 받았는데 박사님의 설명과 비디오로 모든 문제가 해결이 되었습니다.

많은 사람들이 발음에 대해서 가르치고 책을 쓰지만 가장 중요한 기본은 빠트리고 가르치고 있다는 것을 이 책을 읽고 연습하면서 피부로 느꼈습니다.

참고로 이 책을 보기 전에 다른 발음 교재를 4권 정도 섭렵하고 많은 시간을 들여 연습했는데 별다른 효과를 보지 못했습니다.

처음에 비디오를 보면서 발음이 다른 사람과 많이 다르다고 생각하고 무슨 발음을 저렇게 촌스럽게 하나 하고 저자에 대한 신뢰감을 가지지 않았습니다.

또 어린이들이 엄마, 아빠의 입 안을 들여다보고 연습하는 것도 아닌데 왜 이렇게 혀에 대한 위치가 중요할까 생각했었는데 막상 연습을 하고 제대로 소리를 내보니 그 중요성이라는 것은 상상할 수 없을 정도로 중요하다는 것을 알았습니다.

참으로 고맙습니다.

임 철희 배상

어떻습니까? 에헴!

1997년 미국지휘참모대학에서 교환교수로 3년 간 근무했을 때의 사진. 가운데 제일 멋지고 잘생긴 사람이 필자.

참고로 이 사진은 제가 미국 캔사스에 있는 유명한 미국지휘참모대학CGSC에서 교환교수로 3년간 근무했을 때의 사진입니다. 당시 세계에서 90여 나라의 고급장교들이 공부를 하고 있었지요. 저는 그때 90개 나라의 장교들이 그들 각자의 영어 발음 하는 것을 경험했습니다.

정말 다 달랐습니다. 그런데도 자기들끼리는 아주 잘 통했습니다. "아, 이게 뭘까?" 하고 나름 연구하기 시작했지요. 그리고 마침내 그 비밀을 깨닫고 『노병천 영어본토발음』이라는 책을 내게 된 것입니다.

그때 발표한 영어 발음법에서 지금은 조금 더 업그레이드를 했습니다. 지금부터 소개하는 몇 가지만으로도 영어 발음에 대한 분명한 개념을 잡을 수 있습니다. 조금만 따라해도 확실히 발음이 변합니다. 물론 한계는 있습니다. 진짜 미국 사람처럼 영어 발음은 절대로 할 수 없습니다. 미국 사람이 되지 않은 이상은 그렇습니다.

그렇지만 많이 좋아집니다.

트러스트 미!

원래 영어 발음은 한글표기로 절대로 할 수 없지만…….

발음이 좋으면 듣기도 쉬워진다

발음이 좋으면 좋은 이유는 분명히 있습니다. 무엇보다도 미국 사람의 말을 보다 잘 알아들을 수 있습니다. 생각해보세요. 들리는 것은 내가 발음하는 만큼 들립니다. 그 발음을 내가 정확히 낼 수 있다면 듣기도 훨씬 수월하다는 것은 당연합니다. 예를 들어볼까요? 조금 극단적이지만 아주 좋은 예입니다.

Goliath

발음해보세요. 지금 100세 영어에서 계속 다루는 다윗의 물맷돌에 맞아 죽은 거인이지요? 한국 말로는 잘 아는 대로 '골리앗'입니다. 내가 이 단어를 미국 사람에게 '골리앗'이라고 한다면 죽어도 무슨 말인지 알아듣지 못합니다. 큰 소리로 아주 정확한 목소리로 "골 리 앗" "골 리 앗" "골 리 앗" 해도 소용없습니다.

그러면 어떻게 발음해야 할까요? 놀라지 마세요. 정말 희한한 발음이 나옵니다. 한국 말로 표현하기가 사실상 불가능하지만 억지로라도 적어보면 이렇습니다.

독일 작가 오스마르 쉰들러Osmar Schindler가 1888년에 발표한 석판화 「다윗과 골리앗David and Goliath」

걸라이어쓰

이게 뭡니까! 골리앗이 '걸라이어쓰'라니!

만약에 미국 목사님이 교회에서 다윗과 골리앗에 대한 설교를 한다고 합시다. 그 목사님은 분명한 발음으로 '걸라이어쓰'라고 말합니다. 그 말을 제대로 알아듣는 한국 사람이 얼마나 있을까요?

그렇습니다. 내가 만약에 골리앗을 걸라이어쓰라고 정확하게 발음을 할 수 있다면, 미국 목사님이 하는 그 발음을 정확하게 알아들을 수 있는 것입니다. 이제 이해하시겠지요? 왜 영어 발음을 잘하게 되면 미국 사람의 말도 잘 들을 수 있는지를. 참고로 『1일 30분, 인생 승리의 공부법 55』이라는 책에 이런 말이 나옵니다.

"자신이 발음하지 못하는 소리는 알아듣지 못하는 법이다. 이것은 사실이다. 미국에 건너갔을 때 TV 뉴스를 절반밖에 이해하지 못했던 나는 영작문 교수에게 "자네의 영어는 무슨 말인지 도무지 알아들을 수가 없군."이라고 지적을 받은 것이 계기가 되어 발음 수업을 이수하게 되었다. 일본어 말투가 강하게 배어 나와 영어로 말해도 상대가 무슨 말인지 전혀 알아듣지를 못했던 것이다. 이런 아픈 경험으로 발음 수업을 듣게 되었고 얼마 후 놀라운 일이 벌어졌다. 그때까지 잘 알아들을 수 없었던 TV 프로와 뉴스를 막힘없이 알아들을 수 있지 않은가! 올바른 영어 발음이 가능해지면 영어소리를 구분하는 일은 굉장히 쉬워진다. ……(중략)…… 그러므로 듣기가 안 되는 영어학습자는 듣기 학습을 하지 말고 발음 공부를 해야 한다."

그렇지요? 발음이 좋으면 확실히 잘 들을 수 있지요? 사실은 듣

자기에게 맞는 영한역 책을 하나 준비해서 MP3로 들으면서 손가락으로 그 밑줄을 그어나가세요. 책을 보고 30분, 책을 보지 않고 소리로만 30분. 하루에 3회. 대략 3시간을 일주일만 계속하면 영어의 소리가 들린다는 것입니다.

는 것이 말하는 것보다 먼저입니다. 아기가 태어나서 말을 배우는 과정을 보면 잘 알 수 있지요. 미국 사람이 아니고 한국 사람이 영어를 제대로 들으려면 많은 훈련이 필요합니다. 아주 어릴 때 미국에 가지 않고서는 어렵다는 말입니다. 아무리 잘 들어도 한계가 있습니다. 그래서 영어를 잘 듣기 위한 여러 방법들이 세상에 나와 있습니다.

  그중에 아주 관심이 가는 내용이 손가락으로 줄을 쳐가면서 영어문장을 듣는 방법입니다. 자기에게 맞는 영한역 책을 하나 준비해서 MP3로 들으면서 손가락으로 그 밑줄을 그어 나가는 방법입니다. 책을 보고 30분, 책을 보지 않고 소리로만 30분. 하루에 3회. 대략 세 시간을 일주일만 계속하면 영어의 소리가 들린다는 것입니다. 그리고 그다음 단계로 넘어가는 것입니다. 영어를 '소음'으로 듣지 않고 '소리'로 인식하는 훈련입니다. 아주 좋은 방법이지요.

여러분도 혹시 시간이 되면 꼭 한 번 해보세요. 여기서 중요한 것은 들을 때 '집중'해야 효과가 있다는 것입니다. 집중하지 않고 듣는 영어는 아무리 많이 들어도 그냥 소음입니다. 한국에 오래 살았다고 해서 한국 말을 잘하지 못하고 미국에 오래 살았다고 해서 영어를 잘하는 것도 아닙니다. 얼마만큼 의식적으로 '집중'하느냐에 달려 있습니다. 온 마음을 집중해서 영어 한 문장씩 들어야 합니다.

잘 듣기 위한 방법으로 좋아하는 미국영화 한 편을 100번씩 보는 방법도 있습니다. 적어도 하루에 한 번 이상을 보고 석 달 동안 꾸준하게 같은 영화를 보는 것입니다. 잘 안 들리는 부분은 구간반복을 하면서 말입니다. 어느 정도 들리게 되면 또 다른 영화 한 편을 100번 보는 것입니다. 와우! 이게 말이 그렇지 어지간한 사람 아니고는 가능하겠습니까?

영어를 듣는 훈련은 별도로 하더라도 영어를 소리 내는 발음훈련은 지금 해야겠지요? 확실히 발음이 좋으면 영어를 듣는 것도 좋아집니다.

일단 웃는 얼굴과 웃는 입을 만들어라

 이 내용은 좋은 영어 발음을 위한 첫걸음이자 아주 중요한 부분입니다. 제가 발견한 것이지요. 미국 사람과 한국 사람의 영어 발음이 다른 이유 중에 하나는 혀의 위치와 입모양입니다. 우선 입모양을 보면 미국 사람은 웃는 입모양을 가졌습니다. 그런데 우리는 화난 사람처럼 아래로 처져 있지요. 그렇지 않습니까?
 그리고 혀의 위치도 우리와 반대입니다. 우리는 가만히 있으면 대체로 혀가 입천장에 붙어 있거나 거의 위쪽에 위치하고 있습니다. 그런데 미국 사람은 혀가 거의 아래에 붙어 있습니다. 그래서 발음을 하면 그 소리 자체가 다른 겁니다.
 우선 소리가 나는 용기부터 바꿔야 합니다. 결국 발음은 소리 나는 용기에 따라 그대로 나기 때문입니다. 미국 사람의 입모양과 혀

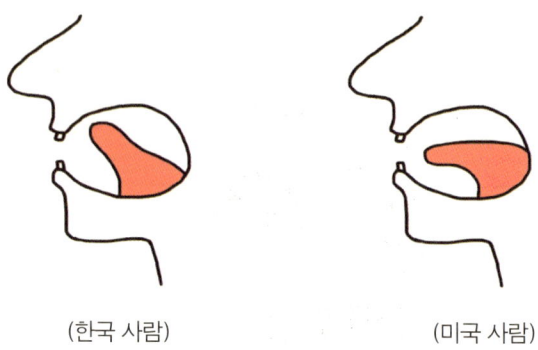

(한국 사람)　　　　　(미국 사람)

의 위치로 비슷하게나마 가줘야 미국 영어 발음이 나옵니다. 이게 쉽지 않습니다. 그래서 웃어야 한다는 것입니다. 웃으면 혀도 위로 향하고 입꼬리도 위로 향하게 되지요. 영어를 한다고 하면 일단 웃는 얼굴을 만들어야 합니다. 얼마나 좋습니까? 웃는 얼굴로 사람을 대한다는 것이. 웃으면 복이 오고 웃으면 영어가 됩니다.

억지로라도 웃어야 하는데 그게 잘 안 됩니다. 그래서 제가 궁리 끝에 발견한 것이 바로 하회탈입니다. 실제로 발음 훈련을 시킬 때는 하회탈을 가지고 와서 얼굴에 덮어놓고 합니다. 억지로라도 웃는 얼굴을 만드는 것입니다. 그러다 보면 숙달이 되어 자연스럽게 웃게 됩니다.

이 이야기를 처음 듣는 분이 많을 겁니다. 아주 중요한 이야기입니다. 영어를 하려고 하면 무조건 웃고 시작하세요! 황금률입니다. 웃음으로써 혀를 밑으로 내리는 데까지 성공했다면 조금 더 욕심

영어를 하려고 하면 무조건 웃고 시작하세요! 황금률입니다.

을 내볼까요?

  미국 사람이 발음할 때 혀의 위치는 크게 네 가지로 구분을 할 수 있습니다. 영어의 47개 음소는 반드시 네 가지 혀 위치에 따라 해야 하는데 한국 사람은 이것을 거의 모릅니다. 아니, 아예 신경도 안 씁니다. 더 자세하게 알고 싶고 배우고 싶다면 100세 영어 훈련소에 입소하세요. 2시간에 끝내는 100세 영어 세미나에서는 특강 형식이기 때문에 이것까지 숙달할 시간이 없습니다.

허리를 펴고 복식호흡을 하라

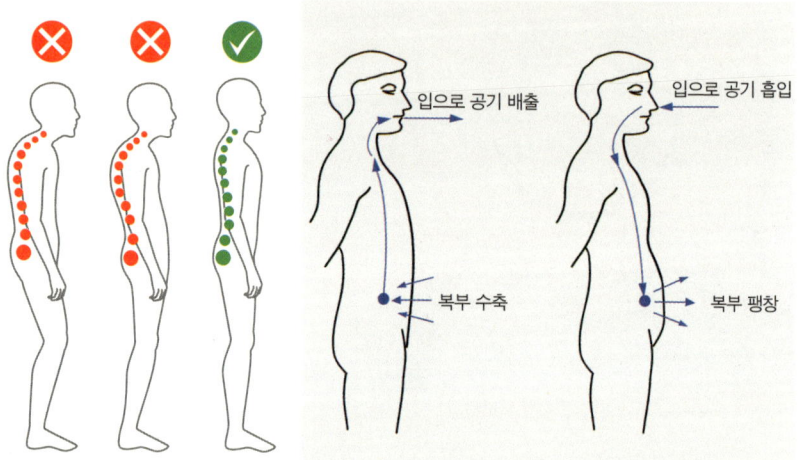

복식호흡법은 별도의 훈련과정을 거쳐야 합니다. 코로 숨을 들이마실 때 배를 불룩하게 하고 입으로 천천히 뿜어내는 과정을 반복합니다. 목이 아니라 배에서 나는 소리가 나야 합니다. 굵고 길게 통을 울리는 소리가 나야 합니다. 허리를 펴고 배에서 소리를 내는 훈련을 많이 하세요. 자세도 좋아지고 몸도 건강해집니다.

　미국 사람이 말하면 소리가 굵고 멀리 나갑니다. 그런 경험하셨지요? 웅~웅 울리면서 아주 멀리 나갑니다. 왜 그럴까요? 우리가 말하면 바로 앞에서 툭 떨어집니다. 목소리가 목에서 나기 때문이지요. 그런데 미국 사람은 배에서 소리가 올라옵니다. 바로 이 차이입니다. 발성법이 다른 것이지요. 발성법!

　한국 사람은 발음할 때 입을 상하로 움직이면서 호흡을 위에서 아래로 합니다. 미국 사람은 발음할 때 입을 좌우로 벌리면서 호흡

미국 사람이 말하면 소리가 굵고 멀리 나갑니다. 그런 경험하셨지요? 웅~웅 울리면서 아주 멀리 나갑니다. 왜 그럴까요? 우리가 말하면 바로 앞에서 툭 떨어집니다. 목소리가 목에서 나기 때문이지요. 그런데 미국 사람은 배에서 소리가 올라옵니다. 바로 이 차이입니다. 발성법이 다른 것이지요. 발성법!

을 배에서 위로 올립니다. 완전히 반대입니다. 그러니까 미국 사람처럼 영어 발음이 되지 않는 것입니다. 이렇게 다르니까요! 이걸 제대로 아는 사람이 거의 없지요.

그래서 배에서 나오는 소리를 내기 위해서 아나운서나 성악가들은 몸을 하나의 통으로 만들어 굵고 깊은 소리를 훈련합니다. 그러기 위해서 복식호흡을 합니다.

복식호흡법은 별도의 훈련과정을 거쳐야 합니다. 코로 숨을 들이마실 때 배를 불룩하게 하고 입으로 천천히 뿜어내는 과정을 반복합니다. 목이 아니라 배에서 나는 소리가 나야 합니다. 굵고 길

발음을 좋게 하기 위해서는 폐활량도 중요합니다. 그래서 가급적 계단을 오르세요. 계단을 오르내릴 때 요령껏 복식호흡을 병행하면 아주 좋습니다.

게 통을 울리는 소리가 나야 합니다. 허리를 펴고 배에서 소리를 내는 훈련을 많이 하세요. 자세도 좋아지고 몸도 건강해집니다.

　발음을 좋게 하기 위해서는 폐활량도 중요합니다. 그래서 가급적 계단을 오르세요. 계단을 오르내릴 때 요령껏 복식호흡을 병행하면 아주 좋습니다. 호흡과 발음은 밀접한 관계가 있습니다. 건강을 위해서도 계단을 이용하세요. 돈 안들이고 건강을 얻는 방법 중에 최고로 치는 게 바로 계단 오르기라는 것은 알고 있지요? 나이가 들면 폐활량이 급격히 떨어지고 다리 힘도 빠지고 몸의 근육양도 줄지요. 계단 오르기를 하면 심장도 좋아지고 폐활량도 좋아지고 종아리 근육도 좋아집니다. 발음도 좋아지고요!

드럼통을 만들어라

이 그림은 영어 발음을 잘하기 위한 기본자세를 보여줍니다. 얼굴은 하회탈처럼 웃고 허리를 펴고 배 깊은 곳에서부터 호흡을 끌어올려 발음을 하는 것입니다. 몸을 하나의 드럼통처럼 만드는 것이 비결입니다. 이러한 상태의 발성훈련은 영어의 높은 주파수로 끌어올리는 아주 좋은 방법입니다.

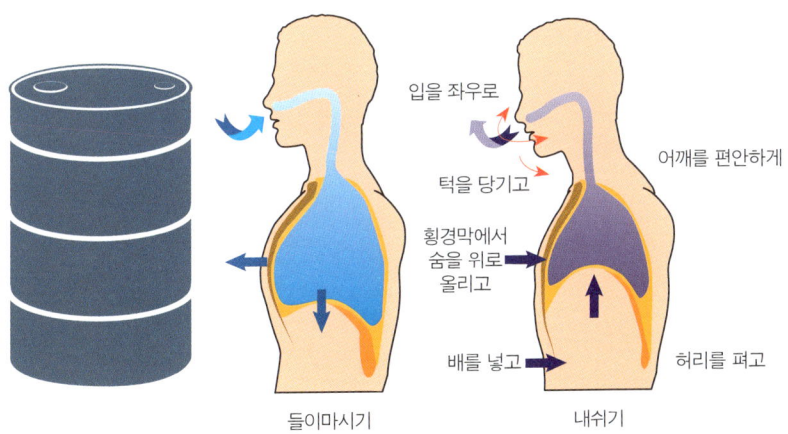

아나운서나 성악가들도 배에서 나오는 소리를 내기 위해 몸을 하나의 드럼통으로 만들어 굵고 깊은 소리를 훈련합니다. 영어 발음을 잘하는 데도 좋은 기본자세입니다.

일단 소리를 크게 내라

　한국 사람은 특히 영어할 때는 자신이 없어서 그런지 소리가 아주 작습니다. 영어를 제대로 하려면 일단 소리를 크게 내야 합니다. 미국 사람은 배에서 올리는 소리를 내기 때문에 소리가 크고 멀리 갑니다. 호흡이 깊고 세면 소리가 세지고 멀리 가게 됩니다. 영어는 기본적으로 센 소리입니다. 소리가 높기 때문에 우리 말보다 훨씬 주파수가 높지요.
　주파수가 뭡니까? 주파수는 소리가 1초에 진동하는 횟수를 말합니다. 헤르츠Hz로 나타내지요. 한국 말은 500헤르츠에서 1,500헤르츠인데 영어는 1,000헤르츠에서 무려 5,000헤르츠나 됩니다. 그만큼 높고 센 소리를 낸다는 것이지요. 어떤 영국 말은 무려 1만 2,000헤르츠까지 올라갑니다. 그래서 미국 영어보다 영국 영어가 알아듣기 더 어려운 경우가 많습니다. 어쨌든 영어는 한국 말보다 훨씬 높고 센 소리가 납니다. 영어를 하는 사람이 한국 말을 할 때도 이런 현상은 나타납니다. 프랑스 출신인 이다도시나 이탈리아 출신인 크리스티나가 방송에서 말하는 것을 보면 금방 알 수 있지요?

그림을 잘 보면 우리 말과 겹치는 부분은 아주 작고 거의 대부분 윗소리는 영어만의 소리입니다.

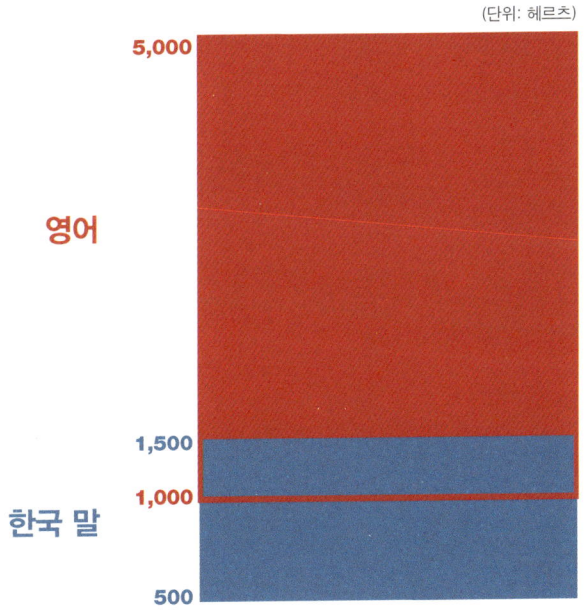

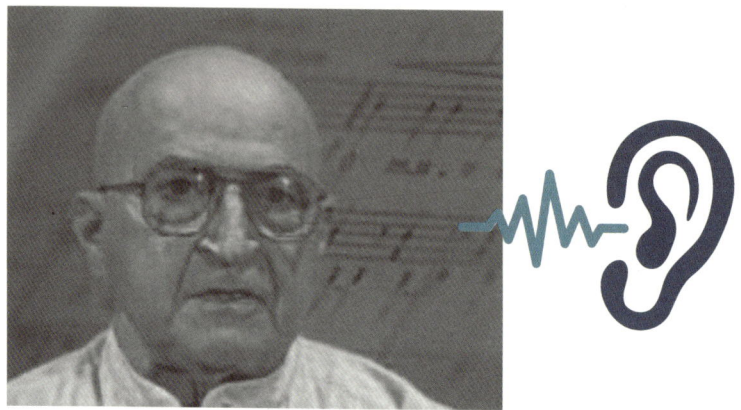

알프레드 토마티스. 심리음성학 교수인 알프레드 토마티스 박사는 모국어 주파수 영역이 고착화 되는 시기는 만 5세라고 말했습니다. 그러니 어른이 되어서 제대로 영어를 듣는 것은 참 어려운 것입니다. 한국인에게 영어가 잘 안 들리는 것은 당연한 것입니다.

그래서 영어가 잘 안 들립니다. 소리가 아니라 소음으로 들립니다. 어쩌면 안 들리는 것이 당연한 것입니다. 심리음성학 교수인 알프레드 토마티스Alfred Tomatis 박사는 모국어 주파수 영역이 고착화되는 시기는 만 5세라고 말했습니다. 그러니 어른이 되어서 제대로 영어를 듣는 것은 참 어려운 것입니다.

참고로 중국 말은 2,600헤르츠이고 일본 말은 1,200헤르츠입니다. 중국 사람의 주파수는 높은 편이지요? 그래서 중국 사람이 영어를 할 때 소리가 높고 발음이 좋습니다. 영어도 빨리 습득하고 실제로도 잘합니다. 그런데 보세요, 일본 사람은? 주파수가 아주 낮지요? 그래서 일본 사람이 세계에서 가장 발음이 나쁘다고 하는 이유 중 하나입니다. 재미있지요? 주파수의 영역이 영어보다 많이

| 한국어 | 미국 영어 | 영국 영어 | 중국어 | 일본어 |

한국 말은 500헤르츠에서 1,500헤르츠인데 영어는 1,000헤르츠에서 무려 5,000헤르츠나 됩니다. 그만큼 높고 센 소리를 낸다는 것이지요. 어떤 영국 말은 무려 1만 2,000헤르츠까지 올라갑니다. 그래서 미국 영어보다 영국 영어가 알아듣기 더 어려운 경우가 많습니다. 참고로 중국 말은 2,600헤르츠이고 일본 말은 1,200헤르츠입니다.

낮은 한국 사람이 영어를 제대로 하기 위해서는 일단 소리를 높이고 크게 해야 합니다. 목에서 나오는 소리가 아니라 배에서 올라오는 소리로 힘차고 크게 소리를 내야 합니다. 그래야 주파수가 엇비슷하게 맞아서 영어같이 들립니다.

제가 가르쳐드리는 발성 훈련은 주파수를 높이는 아주 좋은 방법입니다. 발성 훈련 외에는 그렇게 큰 격차의 주파수를 올릴 방법이 없습니다. 영어를 훈련할 때 클래식 음악을 듣는 것도 아주 좋습니다. 클래식은 영어처럼 높은 주파수를 가지기 때문입니다. 미리 워밍업을 하는 것이지요.

유창한 영어 발음을 위한 5대 비결

지금까지는 좋은 영어 발음을 위한 기본자세를 얘기했다면 이제는 본격적으로 들어갑니다. 대충이라도 영어 발음을 잘하려면 이 정도는 알아둬야 합니다. 물론 열심히 훈련하면 더 좋지만요.

1. 무엇보다도 모음을 정확히 발음하라

아래 두 단어를 발음해보세요.

bed bad

어떻습니까? 구분이 되나요? 똑같아요?

본토 발음은 모음에 의해 거의 좌우가 됩니다. 그런데 우리나라 사람들이 가장 못하는 것이 바로 모음입니다. 미국 영어는 우리나라의 모음과 전혀 다른 음을 가지고 있습니다. 평소 우리가 말할 때 한 번도 내지 않는 음입니다. 그래서 우리 말로 영어 발음을 가르치는 것이 얼마나 어리석은 행위인지 알아야 합니다. 절대로 우리 말로 영어의 모음을 낼 수 없습니다. 혀의 위치와 호흡법이 완전히 다릅니다.

특히 모음 발음할 때 주의할 점은 혀의 위치인데요. 입 안의 위 천정과 사이에 약간의 틈을 주고 그 사이에 공기를 지나가게 합니

다. 어렵지요?

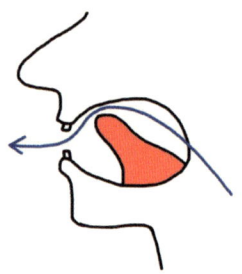

ə bed about

ʌ bad bus

어때요? 이걸 발음해 보셨나요? 둘 사이에 차이가 나나요? 하하. 거의 같은 발음이 난다고요?

2. 유성음과 무성음을 확실하게 구분하라

아래 단어를 발음해보세요.

street   strike

혹시 "스으트으리이이트" "스으트으라이이크"라고 발음을 하셨나요? 뭐가 잘못됐는지 모르시겠지요? st를 발음할 때 나도 모르게 "으으"라는 말이 들어가지 않았나요? st는 완전한 무성음이 두 개가 연결되어 있습니다. 그래서 "으으" 라는 무성음이 섞여 들어가면 안 됩니다.

아래 알파벳을 연이어서 발음해보세요.

s p t

어떻게 발음해야 할지 전혀 모르겠지요?

제대로 무성음을 알게 되면 정확하게 끊어서 하나씩 발음을 할 수 있습니다. 유성음이 섞이지 않은 무성음 단독 음으로 말이지요.

우리 한국 사람은 무성음과 유성음에 대해 정확히 구분을 잘 못합니다. 아니, 설사 알고 있다 해도 실제로는 잘 안 됩니다. 무성음이라고 해서 음(소리)이 없는 것이 아니라 목젖이 떨리지 않는 음입니다.

유성음voiced:

b, d, Z…… 종이를 입에 대고 [b] 소리를 내면 종이가 거의 펄럭이지 않는다. 그리고 목젖은 심히 떨린다.

무성음unvoiced:

p, k, t…… 종이를 입에 대고 [p] 소리를 내면 종이가 펄럭인다. 바람이 아주 세고 목젖은 떨리지 않는다.

유성음도 공기가 밖으로 나갑니다. 무성음에 비해 그 세기는 약하지만 분명히 공기는 나갑니다. 공기가 나가야 소리가 들립니다.

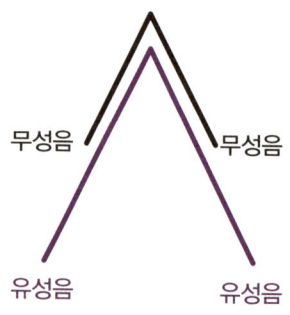

그리고 목젖이 떨립니다. 그리고 유성음과 무성음은 그 음의 높이가 다릅니다. 유성음은 낮고 무성음은 높습니다.

처음 내는 소리도 유성음인지 무성음인지만 알면 소리의 높이를 잡을 수 있습니다. 유성음과 무성음을 아는 것이 이렇게도 중요합니다.

3. 장모음과 단모음을 확실하게 구분하라

아래 두 단어를 발음해보세요.

full fool

어떻습니까? 구분이 되나요? 똑같아요?

장모음과 단모음에 대한 지독한 오해가 있습니다! '음이 길면 장모음이고 짧으면 단모음이다.'라고 말입니다? 맞습니다. 장모음은 대체로 단모음의 두 배의 길이를 가지고 있습니다.

그런데 하나는 알고 둘은 모르고 있습니다. 길이도 두 배가 길지만 높이도 두 배 정도 높습니다. 그리고 가장 중요한 것은 장모음

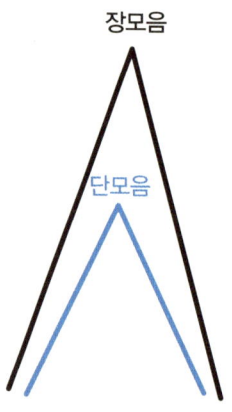

의 경우는 길게 끌다 보니 호흡이 가빠서 정점에서 힘이 풀리면서 마치 꺾임이 있는 듯이 꺾이게 된다는 사실입니다.

그래서 장모음과 단모음의 확실한 구분은 '꺾임'의 차이뿐만 아니라 높이와 길이까지도 장모음이 단모음보다 두 배나 된다는 것입니다. 혀의 당김도 장모음이 두 배나 됩니다. 안쪽까지 깊이 당기는 것이지요. 호흡량도 많아지며 그만큼 힘이 듭니다.

hit와 **heat**, **eat**와 **it**, **fool**과 **full** 발음해 보십시오. 확실하게 구분이 되어야 제대로 발음한 것입니다.

4. 반드시 리듬을 타라

아래 두 단어를 발음해보세요.

get I

어떻습니까? 발음이 제대로 된 겁니까?

미국 사람이 한국에서 좋아하는 음식으로 불고기가 있지요? 그들은 절대로 "불고기"라고 발음을 하지 못합니다. 어떻게 할까요? "부우우 고우 기이"라고 합니다. 어휴, 한국 말로 표현이 안 되네요.

미국 사람은 "불고기"라고 발음하지 못합니다. "부우우 고우 기이"라고 합니다.

영어는 리듬으로 이루어집니다. 단어, 문장 모두가. 마치 음악과도 같습니다. 노래하듯 춤추듯이 하는 것이 영어입니다.

미국 사람은 절대로 딱 한 음으로 끊어 말하지 못한다는 것입니다. 우리는 "불!"이라고 하지만 그들은 "불!"이라고 못하고 "부우우"라고 합니다. 이 차이는 영어 발음을 제대로 하는 데 아주 중요한 얘기입니다. 영어는 딱 한 음으로 끊어지는 발음이 없습니다. 불? 엔? 겐? 갓? 이렇게 미국 사람은 발음을 하지 못합니다. 이렇게 합니다. **get**게에엘, **at**애애트. 반드시 한 단어라도 리듬이 있습니다! I도 "아이"라고 리듬을 타야 합니다.

리듬은 성조를 말합니다. 성조는 여러 개가 있습니다. 영어는 리듬으로 이루어집니다. 단어와 문장 모두가 마치 음악과도 같습니다. 노래하듯 춤추듯이 하는 것이 영어입니다. 그래서 사투리를 하는 사람도 영어를 제대로 하면 표준어처럼 하는 것입니다. 왜냐하면 성조를 따라하기 때문입니다. 악보를 따라 하는 것과 같지요. 정확히는 조금은 다르지만요.

자, 기억합시다. 영어 발음을 할 때는 딱! 끊어서 하는 것이 없고 어떤 말을 하든지 리듬을 타야 하는 것을! 이제 "아 아 아 시 게 에 엣 지 이 요?"

5. 확실하게 스트레스를 두라

아래 단어를 발음해보세요.

어떻습니까? 미국에서 맥도날드 사 먹을 수 있겠습니까? "What? 맥 도 날 드 달라고요?" 영어는 어디에 스트레스를 주느냐에 따라 전혀 다른 의미가 됩니다. 그리고 알아듣지도 못합니다. 다음의 단어를 발음해보세요. 굵은 글씨는 크고 높게 내라는 표시입니다.

America, ca**de**t, ca**re**er,
alkali[앨컬라이]
an**te**nna, ca**sse**tte, ca**si**no[커씨이노우]
cinema[씨니머], gui**tar**[기타아], **O**pera
Ber**lin**, To**ro**nto, **sa**una[쏘오너],
motto[마아로우]

어때요? 영어처럼 그럴듯하게 들리지 않습니까?

여기서 스트레스stress와 강세를 분명히 구분해야 합니다. 스트레스는 강세가 아닙니다. 강세는 단지 소리가 큰 것을 말하지만, 스트레스는 소리도 크지만 높이와 길이가 있습니다. 다시 말해 스트레스를 받는 음은 크고 높고 긴 소리가 납니다. 이것을 잘 알아야 합니다. 특히 스트레스 부분에서 호흡을 모아 집중적으로 확하고 풀어주는 것입니다.

스트레스는 너무나 중요하기 때문에 그 형태를 정리해봤습니다.

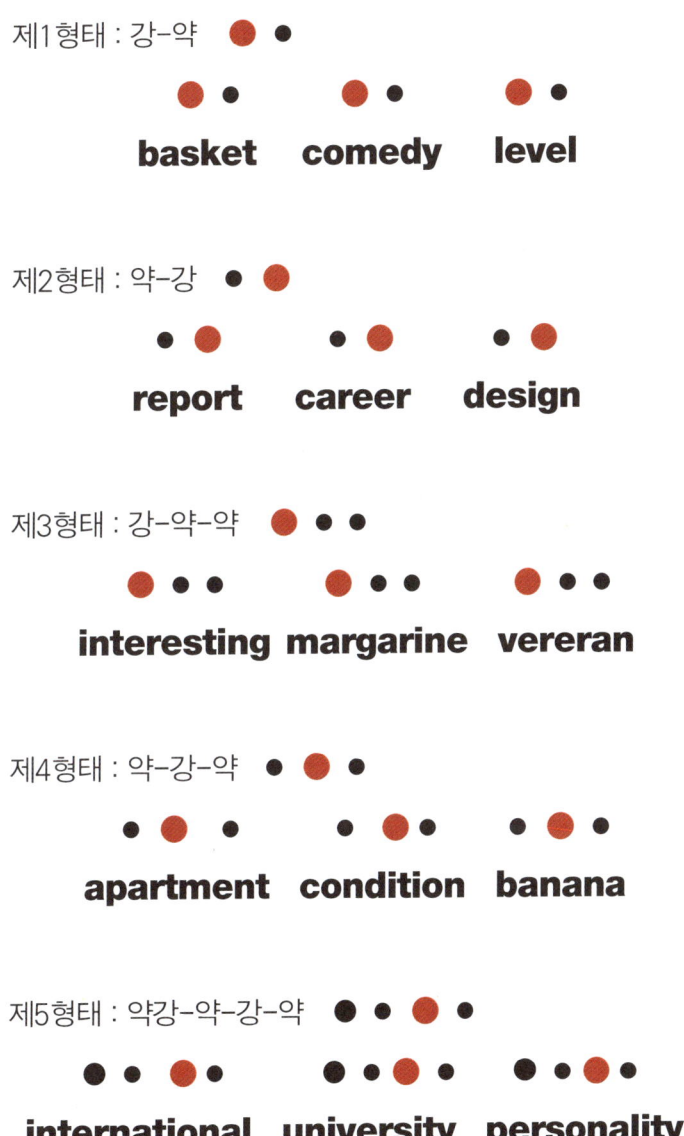

제6형태 : 강–약–약강–약

telephone   supermarket   calculator

이밖에도 세분화하면 더 나올 수 있지만 대략 이 정도면 됩니다. 어휴! 골치가 또 뻐근!

여러분이 이러한 스트레스를 다 따라하려고 하면 그야말로 스트레스가 쌓이니까 대충 이런 것이 있다는 정도만 참고로 하세요. 그 대신에 "아하, 영어는 이렇게 스트레스를 잘 둬야 하는구나!" 하는 정도는 아셔야 되겠지요?

아 참! 이건 주문해야지요!

우리가 잘 모르는 연구개음

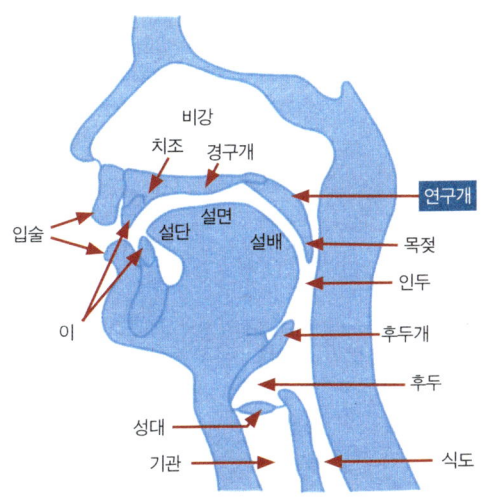

영어를 조금한다는 사람들은 잘 알겠지만, 대체로 한국 사람은 연구개음을 잘 모릅니다. 영어를 영어답게 하는 아주 중요한 발음입니다. 대표적인 예로 "Go!"를 발음할 때 G음은 연구개음으로 내야 합니다. 목젖에서 입천장 연구개를 걸쭉하게 때리면서 호흡하여 나오는 소리지요. 어렵습니다! 그런데 자꾸 자꾸 연습하면 됩니다.

걸쭉하게 해서 "끄오우우우!"

B 발음을 보면 수준을 안다

아래 단어를 발음해보세요.

bye bible

b 발음을 보면 금방 그 사람의 영어 수준이 드러납니다. 이 소리를 굉장히 강하고 센 소리입니다. 다음의 '스마일 트리'를 보면 이 소리는 m에서 파생되어 나오는 소리입니다. "쁘!" 하고 세게 나오지요. 연습을 많이 해야 합니다.

D 발음만 잘해도 확 달라진다

아래 단어를 발음해보세요.

down   dad

d 발음은 굉장히 강하고 센 소리입니다. 혀를 입 천장에 붙였다가 강하게 누르면서 아래로 떼면서 나오는 소리이지요. 이 발음만 잘해도 영어가 확 달라집니다. n음에서 출발합니다.

그런데 너무 걱정하지 마세요.

아래 문장을 읽어보세요.

I eat rice.

한국 사람이 가장 못한다고 하는 r발음이 나왔습니다. 그런데 이 발음을 l로 했다고 해서 전혀 문제될 게 없습니다.

I eat lice.

lice는 louse(이)의 복수형이지요. 우리가 lice라고 했다고 미국 사람이 우리를 보고 "한국 사람은 이를 잡아먹습니다!"라고 생각하지 않아요. 영어는 문맥을 보고 합니다. 그때의 상황에 맞춰 해석되어지는 것이지요. 그러니 영어 발음은 그렇게 중요하지 않습니다. 문맥의 흐름을 잘 살피는 것이 더 중요합니다. 이해되셨지요?

대충 이 정도까지만 하겠습니다.

영어 발음은 이렇게 음소 발음에서 출발해서 연음과 문장까지 나아가야 합니다. 더 알고 싶거나 제대로 훈련하고 싶은 분들은 '100세 영어 세미나'나 '100세 영어 훈련소'에 들어오세요. 다시 강조합니다. 발음보다도 더 중요한 것은 용기입니다. 그냥 질러대는 용기입니다. 골리앗과도 같은 미국 사람에게 그냥 물맷돌을 던지는 것입니다. 이게 우리가 원하는 수준의 영어입니다.

4장
100세 영어의 미션

ABCDEFG
HIJKLMN
OPQRST
UVWXYZ

해외여행 가서 마음대로 주문하기

이제 미션을 완성해야지요?

첫 번째 미션이 해외여행 가서 먹고 싶은 것 마음대로 주문하기입니다. 홀가분한 마음으로 떠나봅시다. 어느 나라건 상관이 없습니다. 평소에 꼭 가보고 싶은 나라를 택하세요. 나중으로 미루지 마세요. 내일은 없습니다. 오늘이 중요합니다. 좋은 옷도 내일 입지 마세요. 오늘 입으세요. 좋은 음식도 내일 먹지 마세요. 오늘 먹으세요. 미래는 알 수 없습니다. 오늘 행복하시기 바랍니다.

영어? 걱정하지 마세요. 지금까지 훈련한 것만으로도 충분합니다. 정말 충분합니다. 다음은 식당에서 주로 일어나는 상황이니 조금만 연습하면 가능합니다. 여러분이 🧔 입니다. 큰 소리로 훈련하세요. 큰 소리로!

식당에 들어올 때

: **Do you have a reservation?**

예약하셨나요?

: **No. Do you have room for two?**

아니요, 두 명이 들어갈 방 있습니까?

: **There will be about 5 minute wait. Is that okay for you?**

5분 정도 기다리면 됩니다만 괜찮으세요?

: **Okay.**

좋아요.

: **We will call you when it's ready.**

준비되면 부를게요.

주문 받을 때

 : **May I take your order?**

주문 받을까요?

 : **I'd like to have the steak.**

스테이크로 주세요.

 : **How would you like your steak done?**

스테이크를 어떻게 해드릴까요?

 : **Medium well done, please.**

적당하게 익혀 주세요.

- **rare** 덜 익힌 것
- **medium** 중간 정도 익힌 것
- **well done** 완전히 익힌 것
- **medium well done** 적당히 익힌 것

: **Anything else?**

다른 건 필요 없으세요?

 : **One coke, please.**

코카콜라 하나 주세요.

식사를 마치고 나갈 때

 : **How did you enjoy you meal?**

식사 괜찮았어요?

 : **Very good!**

아주 좋았어요.

 : **Thanks, have a nice day.**

감사합니다. 좋은 하루 되세요.

 : **You too.**

당신도요.

물론 식탁 위에 음식 값의 15% 정도의 팁을 두고 오는 것을 잊지 않으셨지요? 음식 값에 포함시키는 때도 있고 따로 줘야 할 때가 있는데 잘 살펴보세요.

자녀들에게 영어동화책 읽어주기

두 번째 미션입니다. 자녀들에게 나름 유창하게 영어동화책 읽어주기입니다.

4장 100세 영어의 미션

지금까지 하신 것으로도 충분하고도 넘칩니다.

중요한 것은 절대로 번역하려 들지 말고 그냥 큰 소리로 읽는 겁니다. "큰 소리로!" 아셨지요? 자녀들도 좋아하겠지만 자꾸 읽다 보면 여러분도 영어가 몸에 배어서 엄청나게 달라집니다.

영어를 읽을 때 지금까지 배운 본토 영어 발음 몇 개를 살짝 섞어보세요. 그까짓 거 내겐 '대충'이지만 아이들은 놀라 자빠집니다.

"와우, 파파! 와우, 마마! 팬태스틱!"

큰 소리로 읽을 때의 효과

영어를 빨리 습득하는 아주 좋은 방법 중 하나는 영어동화책을 큰 소리로 읽는 것입니다.

공부를 할 때 그냥 눈으로 읽을 때와 소리 내어 읽을 때는 그 효과 면에서 많이 차이가 납니다. 서당에 가면 "하늘 천, 따 지" 하고 크게 낭독을 하는 것을 보게 됩니다. 우리의 조상들은 낭독의 효과를 잘 알고 있었습니다. 실제로 조선시대에는 한자 실력이 일본 사람이나 중국 사람보다도 좋았다는 보고서도 있습니다. 낭독의 힘이지요.

MBC에 방영된 『우리 아이 뇌를 깨우는 101가지 비밀』에 보면 낭독이 얼마나 좋은 효과가 있는지를 잘 보여주고 있습니다. 학생들에게 똑같은 조건에서 낭독과 묵독을 시켰는데 그 결과는 많이 차이가 났습니다. 낭독할 때 좋은 결과가 나온다는 것이 입증된 것이지요. 실제로 MRI를 촬영해보면 낭독할 때는 소뇌가 활성화되는 것을 확인할 수 있습니다. 소뇌는 운동을 담당하는 뇌이지요. 이 말이 무엇인가 하면 소리를 낸다는 자체가 운동이라는 것입니다.

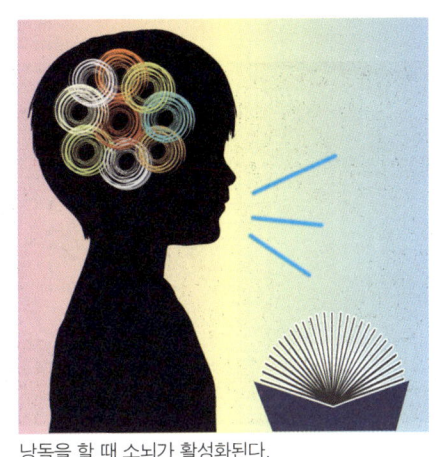
낭독을 할 때 소뇌가 활성화된다.

그래서 영어를 공부한다는 것은 사실 '공부'가 아니고 '훈련'이라고 하는 것입니다. 아니, 소리를 질러 공부할 때 '훈련'이 되는 것이라는 말입니다. 그냥 지식적으로, 암기해서 얻는 것을 '서술기억'이라고 합니다. 우리가 영어를 그저 지식적으로 받아들이고, 단어를 외우고 하는 것은 바로 이런 '서술기억'에 불과한 것입니다. 금방 잊어버리고 말지요. 그런데 소리를 내며 익히는 영어는 수영이나 자전거 타는 것처럼 몸이 저절로 움직이게 만드는 '절차기억'

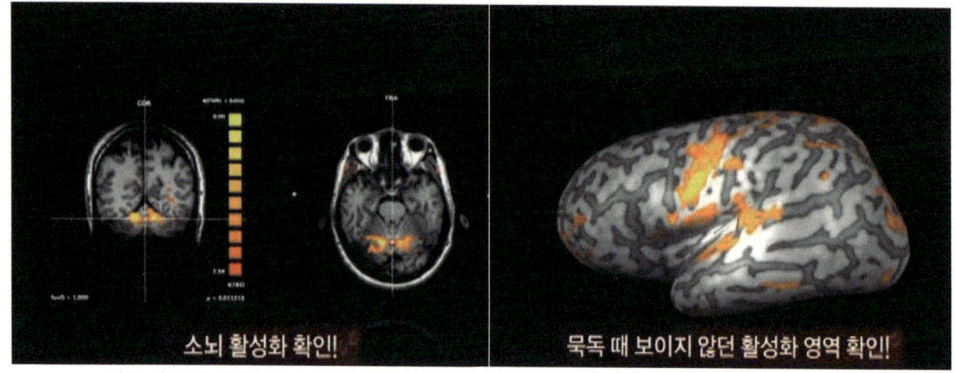

낭독 시 fMRI 촬영 결과. 낭독을 하게 되면 묵독 때는 보이지 않던 뇌의 활성화 영역을 확인할 수 있습니다. 낭독을 할 때는 뇌의 혈액량이 많아지고 뇌 신경세포의 70% 이상이 반응을 했습니다.

으로 '훈련'하는 것입니다. 이게 매우 중요합니다.

확실히 낭독을 하게 되면 묵독 때는 보이지 않던 뇌의 활성화 영역을 확인할 수 있습니다. 낭독을 할 때는 뇌의 혈액량이 많아지고 뇌 신경세포의 70% 이상이 반응을 했습니다. 낭독을 하게 되면 문자를 보기 위해 부지런히 눈이 움직입니다. 입과 입술, 혀, 성대가 움직입니다. 그리고 입이 낸 소리를 듣기 위해 고막이 청각운동까지 하게 됩니다. 심장도 크게 뜁니다.

그냥 소리를 낸 것인데도 이렇게 많은 작용을 하는 것입니다. 그래서 기억도 오래 남습니다. 온몸으로 체득하는 것이 되니까요. 그리고 건강에도 아주 좋습니다. 낭독을 잘하기 위해서는 폐와 심장도 튼튼해야 하기 때문에 계단 오르기를 자주 하면 좋습니다.

한글을 배울 때도 마찬가지이지만 외국어를 배우는 가장 효과적인 방법은 소리를 내 공부하는 것입니다. 일본의 사이토 다카시 교수는 낭독의 힘을 잘 알고 『소리 내어 읽고 싶은 일본어』라는 책을 만들어 150만 부 이상을 팔았습니다. 일본에 소리 내어 책을 읽는 열풍을 일으켰지요.

그래서 영어를 빨리 내 것으로 만들고 싶은 사람은 무조건 영어를 큰 소리로 읽고 말하는 것을 하면 됩니다. 절대로 번역하려 들지 말고 그냥 큰 소리로 읽기만 하는 겁니다. 6개월만 계속하다 보면 확실한 효과를 봅니다. 이런 훈련 방법으로 미국의 명문대학에 입학한 학생들이 꽤 많습니다.

자, 이제 자녀들에게 나름 유창하게 영어 동화책을 읽어주기가 얼마나 유익하고 또 중요한지 잘 이해하셨지요? 이참에 자녀들에게도 소리 내어 읽도록 가르쳐주세요. 머리도 좋아지고 건강에도 좋고 효과도 아주 좋지요. 나도 좋고 자녀들도 좋고! 이게 누이 좋고 매부 좋고 꿩 먹고 알 먹고 일석이조가 아니겠습니까? 100세 영어는 이런 겁니다. 에헴!

참! 영어 동화책을 읽을 때 검지 손가락으로 문장 아래를 그어가면서 읽는 것이 아주 좋습니다. 유대인들이 사용하는 방법인데 아주 효과적입니다. 꼭 그렇게 해보세요.

어린이들이 좋아하는 『미녀와 야수』의 줄거리를 살짝 실어봅니다. 영어문장을 검지 손가락으로 밑줄을 그어가면서 큰 소리로 읽어보세요. 조금 어렵겠지만 그래도 도전하는 게 중요합니다. 도전!

Beauty and the Beast

미녀와 야수

Once upon a time* there was a prince who was so selfish* and unkind that he and all who lived in his castle were put under a powerful spell*.

옛날옛적에 왕자가 살았습니다. 그는 너무나 이기적이고 불친절해서 함께 성에 살던 모든 신하들까지 강력한 저주에 걸려야만 했습니다.

*once upon a time 옛날옛적에(옛날 이야기에 자주 쓰이는 상투적 문구) *selfish[셀-피쉬] 이기적인
*spell[스펠] 주문, 저주

The prince was turned into* a terrible beast.

그 왕자는 끔찍한 야수로 변했습니다.

*turn into ~로 변하다

He would change back into a prince only if he learned to love someone and be loved in return*. In a nearby village lived a beautiful woman named Belle. She loved to read books about adventure and romance.

그가 누군가를 사랑하는 법을 배우고 상대도 그를 사랑할 때만 다시 왕자로 되돌아갈 수 있었습니다. 근처 마을엔 벨이라고 불리는 아름다운 여자가 살고 있었습니다. 그녀는 모험과 낭만에 대한 책을 읽는 것을 좋아했습니다.

*in return 그 보답으로

Gaston, the hunter, followed Belle everywhere in town. He wanted to marry her, but Belle thought Gaston was a conceited* bully*.

사냥꾼인 개스톤은 마을 어디에서나 벨을 좇아다녔습니다. 개스톤은 그녀와 결혼하고 싶어했습니다. 하지만 벨은 그가 약자를 괴롭히는 교만한 사람이라고 생각했죠.

*conceited[컨씨-티드] 교만한 *bully[불리] 남을 괴롭히는 사람

One dark winter day, Belle's father, Maurice, started off on a journey through the woods and lost his way. Maurice found shelter in a gloomy castle. There he was greeted by the Beast's servants. The spell had changed them into enchanted* objects.

어느 어두운 겨울날, 벨의 아버지인 모리스는 숲을 질러 가는 여행길에 나섰다가 길을 잃었습니다. 모리스는 음침한 성을 발견해 피신했습니다. 그곳에서는 야수의 하인들이 그를 맞이했습니다. 저주가 하인들을 마법에 걸린 물건으로 만들어 놓았습니다.

*enchanted[인첸-티드] 마법에 걸린

Before long Maurice was discovered by the Beast! "What are you staring at?" roared the angry beast. Then he threw Maurice into a dungeon*. Maurice's horse came home alone.

얼마 가지 않아 모리스는 야수에게 발각되고 말았습니다! "뭘 쳐다보는 거야?" 화가 난 야수가 소리쳤습니다. 그 뒤 야수는 모리스를 지하감옥에 던져 버렸습니다. 모리스의 말은 집에 혼자 돌아오게 되었습니다.

*dungeon[던-쥔] (성 안에 있는) 지하감옥

"Where's Papa?" cried Belle.

"Take me to him!" Belle climbed on, and the horse galloped* back to the Beast's castle.

"아빠 어디 계시니?" 벨이 울부짖었습니다.

"나를 아빠에게 데려다 줘!" 벨이 올라타자 말은 다시 야수의 성으로 달려갔습니다.

*gallop[갤-럽] (말이) 질주하다, 달리다

The Beast terrified Belle, but she tried to be brave.

"Let my father go!" she cried. "Let me stay in his place."

야수는 벨을 겁주었지만 그녀는 용기를 내려 노력했습니다.

"우리 아빠를 내보내 줘!" 그녀는 울부짖었습니다. "내가 대신 갇혀 있을게."

The Beast agreed, but only if Belle promised to stay forever. The Beast's enchanted servants welcomed Belle and tried to make her feel at home.

야수는 동의했지만 벨이 영원히 성에 머문다는 조건에서였습니다. 야수의 마법에 걸린 하인들은 벨을 반겼고 그녀에게 집처럼 편안하게 느끼도록 해주려고 했습니다.

There was Cogsworth the mantle* clock, Lumiere the candelabra*, and Mrs. Potts the tea pot. They knew that if Belle and the Beast fell in love, the spell that lay over the castle would be broken.

그곳에는 콕스워스라는 선반용 시계와 루미에르라는 촛대, 주전자 부인, 찻잔이 있었습니다. 그들은 벨과 야수가 사랑에 빠진다면 성에 걸려 있던 저주가 풀릴 거라는 사실을 알고 있었습니다.

*mantle[맨틀] 벽난로 위의 선반
*candelabra[캔덜라-브러] 촛대

Little by little the Beast grew kinder toward Belle.

조금씩 야수는 벨에게 친절하게 굴었습니다.

One day he led her to his magnificent* library.

어느날 야수는 그녀를 자신의 웅장한 도서관으로 안내했습니다.

*magnificent[매그니-퍼슨트] 웅장한, 장엄한

"It's wonderful!" Belle gasped.

"It's yours," said the Beast.

Belle slowly grew fonder of the Beast and learned to trust him.

She even taught him how to dance.

"너무 멋져요!" 벨이 감탄했습니다.

"당신 도서관이오." 야수가 말했습니다.

벨은 차츰 야수를 점점 더 좋아하고 믿게 되었습니다.

심지어 그녀는 야수에게 춤추는 법도 가르쳤습니다.

But her heart ached for her father.

"If only I could see him again," she told the Beast.

"Come with me," he answered. "I will show him to you."

The Beast's rooms showed the effects of his anger and despair.

Belle held up a magic mirror and saw Maurice, looking tired and sick.

하지만 그녀는 아버지 때문에 마음이 아팠습니다.

"아버지를 다시 볼 수만 있다면……" 벨이 야수에게 말했습니다.

"날 따라와요," 야수가 대답했습니다. "당신에게 아버지를 보여주겠소."

야수의 방은 그의 분노와 절망의 흔적들이 보이는 듯했습니다.

벨은 마법의 거울을 들고 피로와 병에 지친 모리스를 보았습니다.

"I must go to him!" cried Belle.

The Beast agreed to let Belle go, even though it meant the end of his hopes for breaking the spell.

"아빠에게 가야만 해요!" 벨이 울부짖었습니다.

야수는 벨을 놓아주기로 했습니다. 비록 그것이 저주를 풀 희망의 끝을 의미하긴 했지만요.

When Belle returned home, she told Gaston about the Beast's kindness. Gaston was jealous. He convinced the villagers that the Beast was a monster and should be destroyed.

벨은 집에 돌아와 개스톤에게 야수의 친절에 대해 이야기했습니다. 개스톤은 질투했습니다. 그는 마을 사람들을 부추겨 야수는 괴물이라서 없애버려야 한다고 했습니다.

He led the angry mob* to the Beast's castle. Gaston found the Beast and fought him on the castle rooftops.

그는 성난 군중을 이끌고 야수의 성으로 갔습니다. 개스톤은 야수를 발견하고 성의 지붕 위에서 그와 싸웠습니다.

*mob[맙] 군중

In the midst of the battle, Gaston lost his footing and fell to his death -- but not before he had stabbed the Beast. Belle rushed to the Beast's side, only to find him badly wounded.

싸우는 도중에 개스톤은 발을 헛디뎌 죽었습니다. 하지만 그 전에 그는 야수를 칼로 찔렀습니다. 벨이 야수 곁으로 달려가 보니 그가 심하게 상처입었다는 것을 알게 됐습니다.

"You came back," he whispered. Belle's tears fell upon the Beast.

"I love you," she cried. The spell was broken!

"돌아왔군요!" 야수가 속삭였습니다. 벨의 눈물이 야수의 얼굴 위에 떨어졌습니다.

"당신을 사랑해요" 벨이 울부짖었습니다. 그 순간 저주가 풀렸습니다!

The Beast was transformed* into a handsome prince, and the enchanted servants became human once more. Belle and her prince lived very happily ever after.

야수는 잘생긴 왕자로 변했고 마법에 걸렸던 하인들도 다시 사람이 됐습니다. 벨과 왕자는 그 이후 아주 행복하게 살았답니다.

*be transformed[비 트랜스폼-드] 변신하다

우와, 수고하셨습니다. 짝짝짝! 쉽지 않지요? 그렇지만 계속 읽어보세요. 느낌을 살려 연극을 하듯이 100번 정도 읽어보세요. 분명히 확 달라집니다.

새로운 도전으로 새 꿈을 만들고 치매도 예방하기

마지막 미션입니다. 새로운 도전으로 새 꿈을 만들고 치매도 예방하기입니다. 영어를 배운다는 그 자체가 새로운 도전입니다. 도전이 뭐 별 게 있나요? 이런 게 도전이지요. 그리고 꿈도 만들어보세요. 꿈을 꾸는 것이 아니라 만드는 것입니다. 나이가 들수록 무기력해서는 안 됩니다. 생각의 줄을 놓아버리면 더 풀어지고 더 빨리 늙습니다. 그러니 새로운 꿈을 만드세요.

필자가 개발한 꿈알

　새로운 꿈이 뭡니까? 외국인 친구도 사귀는 것도 새로운 꿈입니다. 아주 쉬운 영어원서를 한 권쯤 읽은 것도 새로운 꿈이 될 수 있습니다. 미국 영화를 자막 없이 볼 수 있는 것도 새로운 꿈입니다. 기왕에 시작한 거 내친 김에 미국에 유학하는 것도 새로운 꿈입니다. 꿈을 적어 넣고 만지는 '꿈알'에 이러한 새로운 꿈을 넣고 한번 도전해보세요.

　계속 공부하고 행동하고 새로운 꿈을 만들고 도전하는 삶을 하게 되면 당연히 치매가 예방되지요! 젊다고 방심하지 마세요. 젊어도 머리를 쓰지 않으면 치매가 올 수 있습니다. 100세 영어로 100세가 넘어서도 건강한 삶을 사는 여러분이 되기를 바랍니다.

5장
100세 영어 실전

ABCDEFG
HIJKLMN
OPQRST
UVWXYZ

강도보다는 빈도가 중요하다

영어를 정복하는 왕도는 없을까요? 있으면 참 좋겠지요? 있습니다! 바로 반복의 힘을 이용하는 것입니다. 반복하는 것! 영어뿐만 아니라 거의 모든 영역에서 이것만 하면 반드시 성공할 수 있습니다. 반복보다 강한 그 어떤 힘도 없습니다. 포기하지 않고 계속 반복하면 반드시 뻥하고 뚫립니다. 낙숫물이 바위를 뚫지요.

16년간이나 기억을 연구했던 독일의 심리학자 헤르만 에빙하우스Hermann Ebbinghaus는 망각에 대한 연구결과를 발표했습니다. 이른바 에빙하우스의 망각곡선입니다. 이에 따르면, 사람은 학습한 후 10분만 지나도 잊어버리기 시작한다고 합니다. 한 시간이 지나면 50%를, 하루가 지나면 70%를, 한 달이 지나면 80%를 잊어버린다고 합니다.

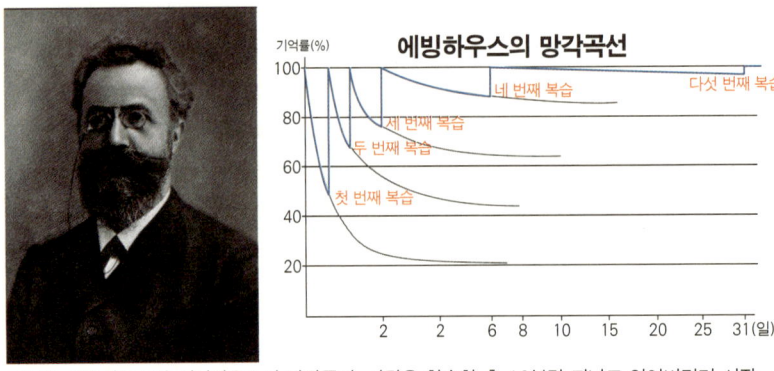

헤르만 에빙하우스와 에빙하우스의 망각곡선. 사람은 학습한 후 10분만 지나도 잊어버리기 시작한다고 합니다. 한 시간이 지나면 50%를, 하루가 지나면 70%를, 한 달이 지나면 80%를 잊어버린다고 합니다. 그러면 어떻게 하면 그래도 덜 잊어버릴 수 있을까요? 바로 반복입니다. 한 번 본 것을 또 보고 또 보는 것입니다. 계속 반복하라는 것입니다.

"아휴, 나는 본래 머리가 나빠서."라고 하지 마세요. 사람들의 머리는 거의 다 같습니다. 특별히 좋은 사람은 있지만 그런 사람은 1%도 안 됩니다. 거의 모든 사람은 에빙하우스의 망각곡선에서 밝힌 대로 잘 잊어버립니다. 그게 정상입니다. 그렇지 않은 사람들이 비정상들이지요.

그러면 어떻게 하면 그래도 덜 잊어버릴 수 있을까요? 바로 반복입니다. 한 번 본 것을 또 보고 또 보는 것입니다. 계속 반복하라는 것입니다. 같은 횟수라면 한 번 종합해서 반복하는 것보다 일정 시간의 범위에 분산 반복하는 것이 훨씬 기억에 효과적이라고 했습니다.

어떤 사람과 하루 종일 같이 있었다고 해서 그 사람을 오랫동

안 기억할 수 있는 것이 아닙니다. 그보다는 매일 단 5분이라도 한 달, 두 달, 여섯 달, 일 년을 꾸준하게 얼굴을 본다면 그 사람은 절대로 잊어버리지 않게 되지요.

그래서 작은 반복을 되풀이하는 복습이 참 중요합니다. 같은 내용을 10분 후에 복습을 하면 1일 동안 기억이 되고, 다시 1일 후에 복습을 하면 1주일 동안, 1주일 후에 복습을 하면 한 달 동안, 한 달 후에 복습을 하면 6개월 이상 장기기억이 된다는 것입니다. 이것은 실험결과로 이미 밝혀졌습니다. 수시로 자주 복습하고 또 복습하는 것이 중요합니다.

영어를 정복할 수 있을까요? 물론 있습니다. 매일 5분이라도 꾸준히 훈련하는 것입니다. 며칠 쉬었다가 하루에 몰아서 10시간을 하는 것보다는 하루에 단 5분이라도 꾸준하게 영어훈련을 하는 것입니다. 그래서 강도強度보다는 빈도頻度가 중요한 것입니다. '얼마나 자주'가 성공을 결정합니다. 비단 영어뿐만 아닙니다. 인생에 있어서 성공하기 위해서는 강도보다는 빈도가 중요합니다.

어떤 새로운 것에 대한 도전이나 욕구도 갑자기 너무 큰 것이 되면 우리의 뇌가 방어를 하게 됩니다. 뇌는 크게 세 가지로 나눌 수 있습니다. 맨 안쪽에 위치하는 뇌간과 소뇌가 있습니다. 이 뇌는 생명유지의 뇌라고 하지요. 뱀과 같은 파충류의 뇌와 같습니다. 죽지 않기 위해 어떤 위험에 대해 본능적으로 반응합니다. 그리고 중간에 위치한 대뇌변연계가 있습니다. 이 뇌는 감정의 뇌입니다. 토끼와 같은 포유류의 뇌입니다. 어떤 감정을 느끼면서 반응을 하지요.

그리고 바깥에 위치한 대뇌피질이 있습니다. 이성의 뇌입니다. 사람을 사람답게 만드는 뇌입니다. 그런데 너무 큰 도전이나 자극을 받게 되면 본능적으로 맨 안쪽에 있는 뇌간과 소뇌 그리고 대뇌변연계가 즉각적으로 방어를 하게 됩니다. 뇌는 본래 변화를 싫어하는 경향이 있습니다. 살살 달랠 필요가 있지요. 그래서 처음부터 "영어를 정복하자!"라고 덤벼들면 엄청난 부담이 되어 뇌는 즉각적으로 거부하게 됩니다. 그렇기 때문에 강도보다는 빈도가 중요하다는 말입니다. 작은 것으로 살살 달래고 적응을 시키는 것이지요.

포기하면 어떤 것도 얻을 수 없습니다. 성공한 사람의 가장 큰 공통점은 '포기하지 않았다'는 것입니다. 한꺼번에 뭔가를 이루려고 하지 않고 꾸준하게 작은 성공을 반복해서 이룬 사람들입니다. 그래서 『작은 반복의 힘』이라는 책도 나왔지요. 비록 작지만 포기하지 않고 꾸준하게 이루어나갈 때 큰일도 이룰 수 있다는 말입니다.

사람의 뇌는 진짜와 가짜를 구분하지 못한다고 하지요. 가짜를 계속 반복하면 그것을 진짜로 인식하게 됩니다. 그래서 긍정의 말을 계속하게 되면 긍정의 뇌가 됩니다. 절대로 안 된다는 말을 하지 마세요. 습관적으로 안 된다고 말하면 뇌도 안 되는 방향으로 굳어

포기하면 어떤 것도 얻을 수 없습니다. 성공한 사람의 가장 큰 공통점은 '포기하지 않았다'는 것입니다.

집니다. 비록 어렵고 힘든 상황이 올지라도 속으로 말해봅시다.

"잘될 거야. 잘될 거야. 나는 할 수 있어. 다 잘될 거야. 나는 할 수 있어."

반복적으로 긍정의 언어를 사용하면 뇌도 그렇게 인식합니다. 그리고 뇌의 명령에 따라 몸도 그렇게 움직여집니다. 이게 참 중요합니다. 양자역학에서 말하고 있는 '생각의 자석'은 많이 알려져 있지요. 생각은 같은 생각을 끌어오는 것이라고 하지요. 마치 자석처럼 말입니다. 부정적인 생각은 부정적인 것을 끌어오고 긍정적인 생각은 긍정적인 것을 끌어옵니다.

그렇기 때문에 언제나 긍정의 언어를 사용해야 됩니다. 긍정심리학도 그것을 말하고 있지요. 영어가 "어렵다. 어렵다." 하면 정말 어렵게 됩니다. 영어는 "된다. 된다. 된다."고 하면 정말 됩니다. 무엇이든지 된다고 믿으세요. 뇌가 되는 방향으로 작동할 수 있게 해야 합니다. 아주 중요한 이야기입니다.

그리고 우리의 뇌에서 잠재의식이 차지하는 비율은 거의 95%나 됩니다. 겨우 5%만 우리가 의식하는 것입니다. 잠재의식은 의식보다 20만 배나 처리 능력이 많습니다. 그런데 우리는 잠재의식을 잘 활용하지 못한 채 살다가 죽습니다. 얼마나 아까운 일입니까? 잠재의식을 최대로 활용하는 방법이 있습니다. 바로 긍정의 언어로 '반복'하는 것입니다. 반복, 반복, 반복하게 되면 잠재의식이 그 반복한 대로 인식하고 활동하게 됩니다. 그러니 반복이 얼마나 중요합니까?

이 책 『100세 영어』에서 가장 중요하게 생각하는 것이 바로 물맷돌 훈련입니다. 이제 여러분은 물맷돌 훈련을 통해서 어떤 상황에서도 당황하지 않고 영어를 말할 수 있게 됩니다. 물맷돌 훈련은 바로 주저하지 않고 과감하게 내지르기 위한 '반복'의 훈련입니다. 물맷돌은 다윗이 골리앗을 물리쳤을 때 사용했던 것이지요. 다윗은 목동입니다. 목동은 양떼를 안전하게 지킬 수 있어야 합니다. 양떼를 노리는 맹수들의 공격을 막을 수 있어야 합니다. 그래서 훈련하는 것이 바로 물맷돌 훈련입니다. 사자나 곰의 이마를 물맷돌로 치는 것이지요. 한 방의 물맷돌로 승부를 내야 나를 지킬 수 있습니다. 그래서 평소에 물맷돌 훈련을 많이 할 수밖에 없습니다.

꿈알의 원리는 아주 과학적입니다. 큰 꿈은 종이에 적어서 꿈알 안에 넣습니다. 그리고 빨리 이뤄야 할 목표는 종이에 적어서 꿈알의 귀에 꽂고 늘 만지면서 목표를 이룹니다.

　어떤 상황에서도 당황하지 않고 물맷돌을 던져 맹수의 급소를 칠 수 있어야 합니다. 그래서 다윗은 물맷돌 던지기의 명수입니다. 달인입니다. 거인 골리앗을 상대했을 때 조금도 당황하지 않고 물맷돌을 날려 한 방에 넘어뜨렸습니다. 평소에 얼마나 많은 훈련을 했을까요? 바로 이러한 반복되는 훈련만이 성공을 가져다줍니다. 대영박물관에 있는 물맷돌을 보면 주먹크기만합니다. 아주 크지요. 커다란 물맷돌이 공중으로 날아 사정없이 이마에 박힌다면 천하의 골리앗도 무너질 수밖에 없지요. 훈련, 반복, 훈련, 반복, 바로 이것이 성공으로 이끄는 비결입니다. 꾸준하게 반복하는 것만큼 큰 힘이 없습니다. 반복을 당할 장사가 없습니다. 비록 재주는 모자랄지라도 매일 반복하게 되면 놀라운 일이 일어납니다. 반복을 따를 길이 없습니다.

여러분, 꿈알을 제대로 아시나요? 이미 세상에 많이 알려진 꿈알의 원리는 아주 과학적입니다. 큰 꿈은 종이에 적어서 꿈알 안에 넣습니다. 그리고 빨리 이뤄야 할 목표는 종이에 적어서 꿈알의 귀에 꽂아둡니다. 날마다 보고 만지면서 목표를 이루도록 노력합니다. 목표가 이루어지면 귀에서 빼내어 잘 보이는 유리병에 모아둡니다. 그리고 또다시 새로운 목표를 적어서 귀에 꽂고 열심히 노력합니다. 이렇게 작은 목표들이 계속 성취되면 꿈알 안에 들어 있는 큰 꿈이 저절로 완성되어지는 것입니다.

큰 꿈을 한꺼번에 이루려면 어렵습니다. 막연하기도 하고요. 우리의 뇌는 자동적 방어 메커니즘이 있습니다. 큰 꿈을 생각하면 가슴은 뛰지만 한편으로는 두려움도 생깁니다. 그래서 그것을 방지하느라고 대뇌피질 기능이 저하됩니다. 그런데 큰 꿈을 작은 목표로 바꾸어버리면 자동적 방어 메커니즘도 해제되어 대뇌피질 기능이 정상으로 가동됩니다. 그래서 큰 꿈을 가지되 반드시 작은 목표로 쪼개서 이루는 방식으로 나아가는 것이 얼마나 현명한 일인지 모릅니다.

작은 목표를 반복적으로 이루다 보면 어느새 큰 꿈이 완성되어집니다. 이것이 꿈알의 비밀이지요. 수많은 성공 사례들이 있는 이유입니다. 영업인들은 꿈알을 통해 매출을 많이 올리기도 하고, 학

몸짱을 만드는 게 꿈이라면 한꺼번에 욕심을 내면 중도에 포기하게 됩니다. 매일 하루에 30분씩 자전거 타기 같은 목표를 정하면 좋습니다. 무엇이든지 확실하게 할 수 있는 목표, 꾸준히 계속할 수 있는 목표를 정해서 해나가는 것이 중요합니다.

생들은 성적도 올리기도 하고, 운동선수들은 기량을 높이기도 했지요. 큰 꿈은 작은 목표를 반복적으로 성취해서 이룬다는 것! 정말 지혜롭고 확실한 방법입니다.

스페인의 산티아고 순례길은 유명하지요. 제 지인도 그곳에 몇 명이나 갔습니다. 산티아고의 순례길은 대략 800킬로미터입니다. 그런데 이 엄청난 거리를 생각하면 막상 걷기가 쉽지 않습니다. 그래서 중간에 포기도 많이 합니다. 이럴 때 바로 꿈알을 사용하는 것입니다.

꿈알 안에는 산티아고 완주라는 꿈을 적어 넣습니다. 그리고 귀에는 "하루만 잘 걷자!"를 적어서 꽂아둡니다. 그렇습니다. 하루만 잘 걷게 되면 다음날도 또 하루를 잘 걸을 수 있지요. 그리고 그 다음날도……. 이렇게 하루하루를 반복해서 목표를 이루다 보면 언젠가 800킬로미터를 완주하게 됩니다. 작은 반복을 꾸준하게 하는 것! 이것이 모든 성공의 비결입니다.

이른바 몸짱을 만드는 게 꿈이라면 한꺼번에 욕심을 내면 중도에 포기하게 됩니다. 매일 하루에 30분씩 자전거 타기 같은 목표를 정하면 좋습니다. 무엇이든지 확실하게 할 수 있는 목표, 꾸준히 계속할 수 있는 목표를 정해서 해나가는 것이 중요합니다. 꿈알은 바로 이런 것이 가능하게 하는 기적 같은 도구입니다.

100세 영어를 하면서 꿈알을 잘 활용하기 바랍니다. 영어에 대한 나름대로의 꿈을 적어서 안에 넣고 매일 또는 일주일 안에 이룰 목표를 적어서 귀에 꽂아두고 실천하는 것입니다. 꿈알이 가지고 있는 가장 효과적인 특징은 꾸준하게 '지속'하게 하는 힘입니다. 세계에는 탁월한 성공 구루들이 많이 있습니다. 데일 카네기, 브라이언 트레이시, 스티븐 코비 등이 그들이지요. 그런데 그들은 꿈을 종이에 적어서 날마다 보고 외치라고 말합니다. 그러면 꿈이 이루어진다고 말입니다.

그런데 이것 또한 쉽지가 않습니다. 문제는 중도에 포기한다는 것입니다. '지속성'이 문제입니다. 인성교육도 지속성이 문제입니다. 아무리 좋은 교육을 받더라도 시간이 조금만 지나면 다 잊어

꿈알과 100세 영어의 결합. 꿈알 안에는 세 가지 미션을 적어둡니다. 내가 이루고 싶은 꿈이지요. 꿈알의 귀에는 빨리 이루고 싶은 목표(작은 꿈)를 적어서 꽂아둡니다. 예를 들어 "5월까지 물맷돌 영어를 세 번 반복한다." 이를 이루기 위해 계속 꿈알을 만지면서 훈련을 하는 것입니다. 그러면 기적이 일어납니다.

버립니다. 계속 지속할 수 있어야 합니다. 그런데 그게 정말 어렵습니다. 꿈알은 바로 이 문제를 해결해줍니다. 꿈알은 종이에 적어서 외치는 수준을 넘어서서 꿈을 손으로 만지게 하는 도구입니다. 보이지 않는 꿈을 만지게 하는 새로운 개념입니다. 그렇기 때문에 '지속'할 수 있습니다.

꿈을 매일 보고 만지기 때문에 반드시 꿈이 이루어집니다. 만질 뿐만 아니라 만지면서 그 꿈을 이루기 위해 열심히 행동하니까요.

그렇기 때문에 꿈알을 만지면 반드시 꿈은 이루어집니다. 이루어 질 때까지 만지고 행동하기 때문이지요.

꿈알에 꿈과 목표를 적어두고 매일, 매일, 매일, 반복, 반복, 반복하는 것입니다. 영어도 반드시 반복으로 정복됩니다. 영어의 왕도는 있습니다. 반복하면 됩니다. 강도보다는 빈도입니다.

처음 21일 동안 반복훈련을 잘하세요. 왜 21일일까요? 뇌에는 시냅스가 있습니다. 시냅스는 신경세포 간 혹은 신경세포와 다른 세포가 만나는 접합부입니다. 즉 시냅스는 서로 다른 신경세포들의 정보를 전달하는 장소입니다. 생각이 대뇌피질에서 시냅스를 통해 뇌간까지 내려가는 데 걸리는 최소한의 시간이 21일이라고 합니다. 생각이 뇌간까지 내려가면 그때부터는 습관으로 굳어지게 됩니다.

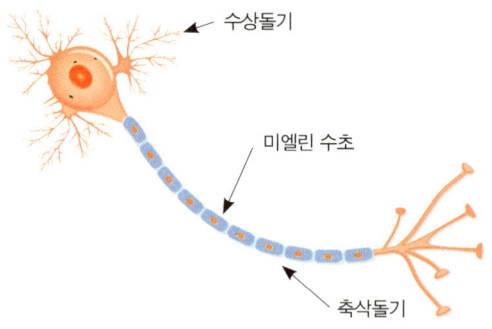

미엘린 수초는 축삭돌기의 겉을 감싸고 있는 막입니다. 마치 전선의 플라스틱 피복과 비슷합니다. 뉴런을 통해 전달되는 전기신호가 누출되지 않도록 보호하는 역할을 하지요.

사람의 뇌는 태어나서 어른이 될 때까지 네 배 가까이 성장합니다. 그 성장의 대부분은 미엘린 수초에 의해 유도됩니다.

영어를 하든지 무엇을 하든지 처음 21일이 중요합니다. 중간에 포기하면 끝입니다. 어떻게 해서라도 21일 동안은 해봐야 합니다. 그래야 습관이 되어 계속할 수 있습니다. 이와 관련해서 중요한 이야기를 하나 더 할게요. 혹시 미엘린 수초라고 들어보셨나요? 조금 어려운 이야기지만 참고로 알아둘 필요가 있어요. 미엘린 수초는 축삭돌기의 겉을 감싸고 있는 막입니다. 마치 전선의 플라스틱 피복과 비슷합니다. 뉴런을 통해 전달되는 전기신호가 누출되지 않도록 보호하는 역할을 하지요. UCLA 신경정신과의 조지 바조

키스George Bartzokis 교수는 "사람의 뇌는 태어나서 어른이 될 때까지 네 배 가까이 성장을 한다. 그 성장의 대부분은 미엘린 수초에 의해 유도된다"고 말합니다.

아기의 뇌는 미엘린 수초가 적은 상태이고 어른의 뇌는 미엘린 수초가 많습니다. 미엘린 수초가 많을수록 정보를 전달하는 속도가 빨라지지요. 그리고 '반복'을 통해 미엘린 수초는 더욱 두꺼워진다고 합니다. 이렇게 반복이 참 중요합니다. 꾸준히 반복하는 것입니다. 적어도 21일 동안은 반복하는 것입니다. 그러다 보면 습관이 되어 끝까지 하게 됩니다.

이제 여러분은 이러한 반복의 원리로 물맷돌 훈련을 하게 됩니다. 매일 단 10분이라도 반복하세요. 아니, 5분이라도 쉬지 말고 매일 하세요. 일주일을 쉬었다가 하루에 몰아서 하지 마세요. 매일 쉬지 않고 반복, 반복, 반복, 이것이 성공에 이르는 가장 확실한 방법입니다.

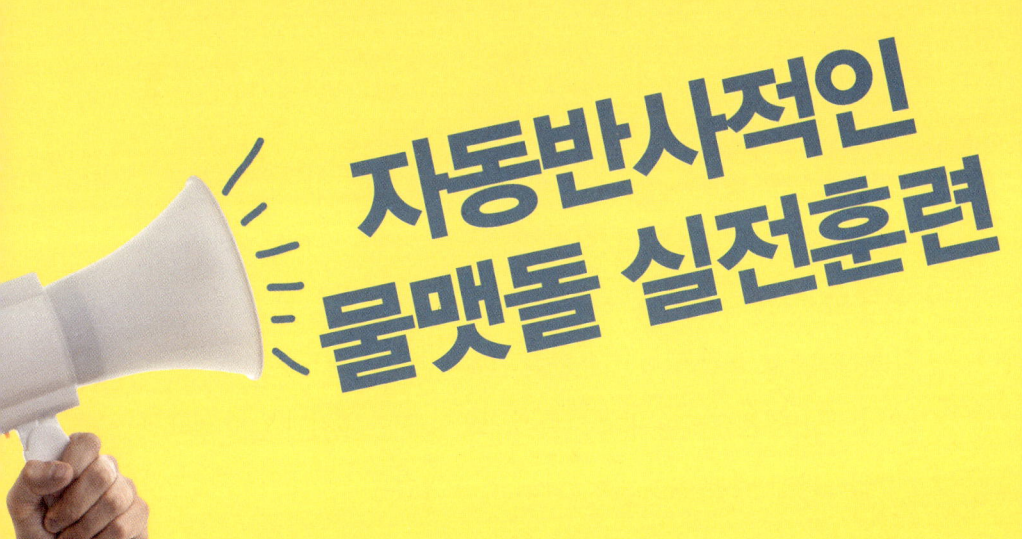

자동반사적인 물맷돌 실전훈련

지금부터 다윗의 물맷돌을 훈련합니다. 이 훈련의 목적은 골리앗을 만났을 때 곧바로 물맷돌 하나를 집어 던지는 것을 숙달하는 것입니다. 거침없이 그냥!

분명히 '훈련'이라고 했습니다! 훈련은 몸이 반응을 하도록 하는 것입니다. 공부는 머리가 하는 것이지만 훈련은 몸이 하는 것입니다. 아무리 수영에 대한 이론을 공부해도 실제로 물에 뛰어들어 물을 마셔가면서 팔을 휘젓지 않으면 물을 건너갈 수가 없습니다.

영어도 똑같습니다. 실제 물에 뛰어 들어가야 합니다. 그래서 공부가 아니고 훈련입니다. 몸이 저절로 반응하도록 하는 것입니다. 절차기억이라고 하지요. 훈련이 안 되면 그 어떤 비법도 전혀 소용없습니다. 훈련으로 완성하는 것입니다.

한 단어 두 단어로 된 문장입니다. 오늘날 미국 사람들이 가장 많이 사용하는 말입니다. 적어도 이 정도는 익혀두면 어디 가서 갑자기 미국 사람을 만나더라도 해결이 가능합니다.

일상적으로 불편 없이 사용하기 위해서는 대략 1,500개 정도의 단어만 알면 된다고 합니다. 그런데 그만큼 알면 좋지만 그럴 필요가 없습니다. 여기서는 그것보다도 확 줄였습니다. 처음 마주쳤을 때 사용하는 첫 번째 물맷돌 30개와 상황에 따라 조금 더 던져야 할 물맷돌 40개입니다.

추가적으로는 어순을 익히는 데 큰 도움이 되는 대표적인 어순 문장을 세 번째, 네 번째, 다섯 번째 물맷돌로 준비했습니다. 다윗이 골리앗을 상대했을 때는 비록 다섯 개의 돌을 준비해 갔지만 첫 번째 돌로 승부를 냈습니다. 우리도 첫 번째 돌로 기선을 제압해야 합니다. 나머지 돌은 상황에 맞춰 하나씩 꺼내는 것입니다. 아셨지요?

100개의 돌 – 단어 70개와 문장 30개

1단어 30개

2단어 40개

어순 A 문장 10개

어순 B 문장 10개

어순 C 문장 10개

처음 마주쳤을 때
던지는 돌 : 가장 중요!

5장 100세 영어 실전　183

훈련 방법

머리를 끄덕이고 몸을 흔들어라

노벨상을 휩쓸고 세계의 상권을 쥐고 있는 유대인들이 공부하는 방법을 배울 필요가 있습니다. 5,000년 동안 간직해 온 그들만의 독특한 공부비결은 다름이 아니라 몸을 흔들면서 중얼거리는 것입니다. 아주 단순하지만 강력합니다. 조용히 앉아서 공부하는 것이 아닙니다. 유대인들은 걷거나 머리를 끄덕이고 몸을 흔들면서, 심지어 물구나무를 선 자세로 공부합니다. 유대인인 아인슈타인은 걸으면서 상대성 이론을 생각해냈습니다.

유대인들은 걷거나 머리를 끄덕이고 몸을 흔들면서, 심지어 물구나무를 선 자세로 공부합니다. 유대인인 아인슈타인은 걸으면서 상대성 이론을 생각해냈습니다.

유대인은 몇 개 국어를 자유자재로 말하는데 그 비결이 바로 이것입니다. 몸을 흔들며 중얼거리면 뇌가 자극되어 저절로 기억이 되는 것입니다. 그들은 어릴 때 『토라』를 외울 때나 방대한 『탈무드』를 외울 때도 그렇게 합니다. 물맷돌 훈련을 하면서 유대인이 사용한 이 검증되고 확실한 방법을 사용하기 바랍니다. 머리를 끄덕이며 일정한 리듬에 맞추어 몸을 움직여도 좋습니다. 아니면 그냥 내키는 대로 몸을 움직여도 좋습니다. 공부할 때는 잠시도 몸을 가만히 두지 말라는 얘기입니다. 잘 아시겠지요?

It's never too late to learn.
배우기에 늦은 나이란 없다.

발성자세

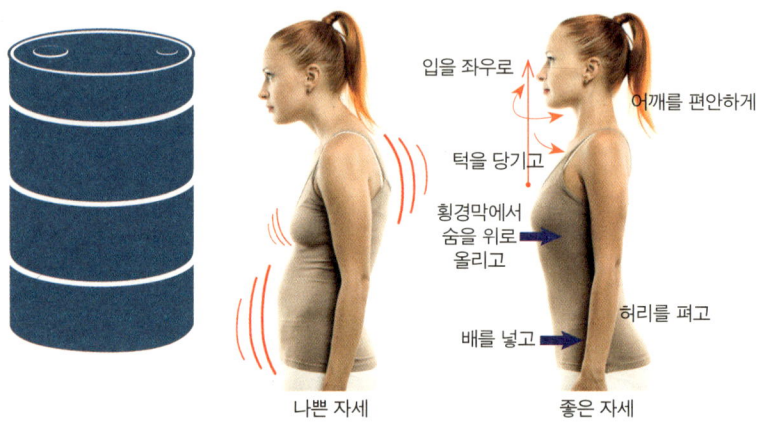

눈을 크게 뜨고 가슴을 폅니다. 복식호흡을 하면서 배에서 나오는 소리로 합니다. 단어를 외칠 때마다 배가 들어갔다 나왔다 해야 합니다. 하다 보면 배가 아플 정도가 됩니다. 이것도 좋은 운동입니다. 큰 소리로 하셔야 합니다! 큰 소리로!

훈련 방법

① 영어와 한글 동시에 보면서 소리를 냅니다.

② 한글 부분은 가리고 영어만 소리 냅니다.

③ 영어 부분은 가리고 한글만 보고 영어를 소리 냅니다.

TIP : 복주머니 물맷돌 사용

앞면에는 한글, 뒷면에는 영어를 적은 작은 모형 물맷돌을 주머니에 넣고, 무작위로 돌을 꺼내 서로 반대되는 말을 외치며 앞으로 던집니다. 순식간에 생각을 해야 하기 때문에 좋은 훈련이 됩니다. 또 실제로 돌을 던지니까 물맷돌을 던지는 느낌으로 실감이 납니다. 재미도 있습니다.

머릿속으로 이미지를 그리고 몸으로 연기하기

물맷돌 훈련을 할 때 반드시 '머릿속'으로 이미지를 그리면서 연기를 하셔야 합니다. 단어가 갖는 이미지가 있지요? 예를 들면 "**Hello!**" 하면 어떤 사람을 만났을 때 손을 흔들며 인사하는 이미지가 있지요?

그래서 그런 이미지를 머릿속에 그리면서 실제로 그 현장에 있는 것처럼 연기하는 것입니다. 이때 '머릿속'으로만 이미지를 그리는 것이 중요합니다. 단어와 문장을 이미지화하며 연기를 하게 되면 아주 효과적인 절차기억이 되어 자동반사적으로 거침없이 부딪치는 데 정말 좋습니다. 암기식의 공부는 처음에는 그럴듯해도 절대로 오래 못갑니다. 체화가 되어야 합니다. 온몸으로 찰리 채플린이 되어보세요!

미국 사람이 된 것처럼 하세요.
그들의 느낌을 느끼면서 소리를 내세요.
느낌이 중요합니다. 이미지, 느낌!

웃는 얼굴로 하기

그리고 잊지 말아야 될 것은 반드시 하회탈처럼 웃은 얼굴로 훈련을 하는 겁니다. 제발 웃는 얼굴로! 마지못해 억지로 하는 훈련은 결과도 신통치 않습니다. 웃어야 영어 발음이 제대로 되고 좋은 얼굴이 만들어집니다. 찡그린 얼굴, 어두운 얼굴은 누구나 피하고 싶은 사람입니다. 웃으세요! 웃으면 영어가 됩니다.

몸을 흔들면서 하세요!
배에 힘을 주고 큰 소리로 하세요!
이미지를 그리면서 연기하세요!
웃으면서 하세요!

매일 매일 5분씩이라도 반복 훈련하세요!

반복, 반복, 반복하세요! 이게 비결입니다.

강도보다는 빈도입니다.

ARE YOU READY?

이제 시작합니다!

긍정구호 한 번 외칩니다.

I can do it!

You can do it!

일단 툭 던져놓고 보는 첫 번째 돌 30개

Hi! [하이]	안녕하세요!
Hello! [헬로우]	헬로우! 안녕하세요!
Slowly! [슬로울리]	천천히 말씀해주세요!
Sorry? [쏘리?]	뭐라고요?
Thanks! [땡스]	고맙습니다!
Really? [뤼얼리?]	정말입니까?

Pardon? 다시 말씀해주실래요?
[파든?]

Good! 굳! 좋아요!
[굳]

OK! 오케이. 좋습니다!
[오케이]

Absolutely! 물론입니다! 그렇지요!
[앱소룰―리]

Anytime! 언제든지 좋습니다!
[에니타임]

Awesome! 굉장하네요!
[오오썸]

Fantastic! 환상적이네요!
[팬태스틱]

Bingo! 드디어! 맞았어요!
[빙고]

Cheers! 건배!
[치얼스]

Congratulations! 축하합니다!
[컨그래츄레이션스]

Exactly! 정확합니다!
[이그잭클리]

Excellent! 짱입니다!
[엑설런트]

Right! 맞습니다!
[롸이트]

Help! 도와주세요!
[헬프]

Perfect! 완벽합니다!
[퍼펙트]

Incredible! 믿을 수 없네요!
[인크레더블]

Probably! 아마도요!
[프라바블리]

Delicious! 짱맛있네요!
[딜리셔스]

Maybe! 그럴지도 모르지요!
[메이비]

Please! 부탁합니다!
[플리이즈]

Amazing! 대단하네요!
[어메이징]

Depends! 경우에 따라 다르지요!
[디펜즈]

Sure! 물론입니다!
[슈어]

Bye! 잘 가요!
[바이]

만약의 상황을 대비한 추가 물맷돌 40개

After you.   먼저 가세요.
[에프터 유]

Any time.   언제라도요.
[에니 타임]

Anybody home?   집에 누구있어요?
[에니바디 홈?]

Attention, please!   좀 주목해 주세요!
[어텐션 플리이즈]

Be seated.   앉으시죠.
[비 씨티드]

Check, please.   계산서 좀 주세요.
[촉 플리이즈]

Cheer up! [치어 럽]	기운내요!
Come on [캄 온]	설마 (혹은 에이~~)
Could be [쿠드 비]	그럴 수도 있죠.
Doing okay? [두잉 오케이]	잘 하고 있어요?
Excuse me. [익스큐즈 미]	실례합니다.
Follow me. [팔로우 미]	따라 오세요.
Good enough. [굿 이나프]	그 정도면 충분합니다.
Good luck. [굿 럭]	행운을 빕니다.

Guess what?　　알아 맞춰 봐요?
[게스 왓]

Have fun!　　재미있게 즐겨요!
[해브 펀]

Help me!　　도와주세요!
[헬프 미]

Help yourself!　　마음껏 드세요!
[헬프 유어셀프]

How many?　　몇 개나?
[하우 메니]

How much?　　얼마나 많이?
[하우 머취]

I agree.　　동의합니다.
[아이 어그뤼]

I see.　　알겠습니다(처음 알았을 때).
[아이 씨]

My pleasure. 천만에요.
[마이 플레져]

Just looking. 그냥 둘러보는 거예요.
[저스트 루킹]

Me, too. 저도 그래요.
[미 투]

Next time. 다음번에.
[넥스트 타임]

Not bad. 나쁘지 않은데요.
[낫 밷]

Same here. 저도 동감입니다.
[세임 히얼]

Say cheese! 김~~치! (사진찍을 때 쓰는 말)
[세이 취이즈]

See you. 나중에 봐요.
[씨 유]

Sounds good. 좋은 생각이에요.
[사운즈 굿]

Speak out. 말 좀 크게 하세요.
[스픽 아웃]

Speaking Korean? 한국 말 하세요?
[스피킹 코리언?]

That's right! 맞습니다!
[댓츠 라잇]

Too expensive. 너무 비싸네요.
[투 익스펜시브]

Watch out! 위험해요, 주의해요!
[와취 아웃]

Who knows? 누가 알겠어요?
[후 노우즈?]

Why not? 왜 안 되겠어요?
[와이 낫?]

You bet! 당연하신 말씀!
[유 벹]

You're welcome. 천만에요.
[유아 웰컴]

어순 기차 실전훈련

이제부터는 기본어순을 익힙니다. 이것만 잘 숙달해놓으면 여러 상황에서 융통성 있게 충분히 응용할 수 있습니다. 물맷돌 훈련은 이 어순 훈련을 통해 완성됩니다만 그렇게 부담은 갖지 마세요. 할 수 있는 만큼만 하세요. 즐거운 마음으로 문장을 크게 외치기만 해보세요. 절대로 외우려고 하지는 마세요. 그리고 대체로 미국 사람을 만났을 때의 대화는 나와 상대방 위주로 하지 제3자에 대해서는 잘 안 합니다. 그래서 주로 나I와 상대방You을 위주로 예제를 준비합니다.

달리는 기차 기억하시죠? 기관차, 1호차, 그리고 뒤에 따라오는 호차들…… 늘 연상하세요.

| 기관차
(주어) | 1호차
(동사) | 나머지 | 나머지 |

[주어=나머지 : 나머지는 주어와 직접 관련]

[아이 엠 써리포]   나는 34세입니다.

[두 유 해브 타임?]   시간 있습니까?

참고) Do you have the time. 시계가 있습니까?

[아이 돈 해브 타임]   시간이 없어요.

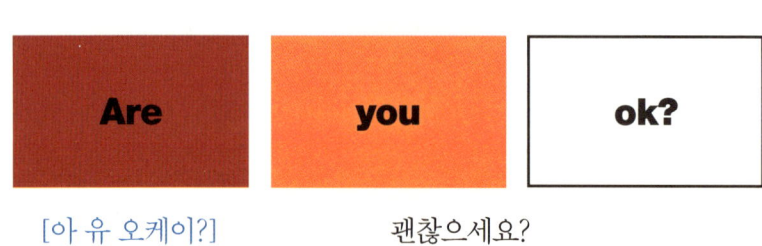

[아 유 오케이?]   괜찮으세요?

※ 1호차의 동사가 맨 앞으로 나왔다는 것은 보통 일이 생긴 게 아니다. 뭔가 아주 궁금해서 맨앞에까지 나와서 이렇게 묻는 거다. be동사 am, are, is일 때!

[잉글리쉬 심즈 디피컬트]   영어는 어려운 거 같아요.

[하우 두 유 두]

처음뵙겠습니다.
이때 답변도 "How do you do?" 한다.

[하우 아 유?]

어떻게 지내세요? (이미 만난 사이일 때)

[씨 유 어겐]

또 봐요.

[나머지=나머지 : 나머지는 나머지와 직접 관련]

| I | think | you | kind. |

[아이 띵크 유 카인드]   당신은 친절한 사람이네요.

| I | feel | this meeting | nice. |

[아이 필 디스 미팅 나이스]   이 미팅 끝내줘요.

| Do you | understand | my english | enough? |

[두 유 언더스탠드 마이 잉글리쉬 이나프?]
내 영어 충분히 이해됩니까?

| I | believe | you | honest. |

[아이 비리브 유 아니스트] 당신은 정직하다고 믿습니다.

| I | keep | ice cream | cold. |

[아이 킵 아이스크림 콜드] 나는 아이스크림은 차가운 데 둡니다.

| I | call | my home | paradise. |

[아이 콜 마이 홈 패러다이스] 나는 내 집을 천국이라 부릅니다.

| I | name | you | angel. |

[아이 네임 유 에인절] 당신을 천사라고 부르겠어요.

| I | like | my coffee | hot. |

[아이 라이크 마이 커피 핫] 나는 뜨거운 커피가 좋아요.

[아이 셋 마이 데스트 클린]

나는 내 책상을 깨끗하게 해두었어요.

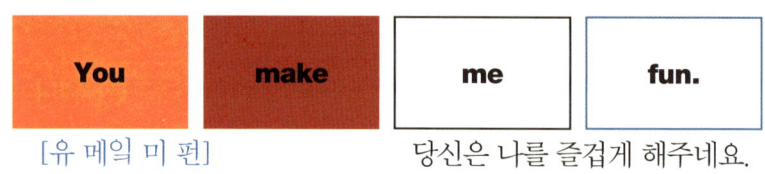

[유 메익 미 펀]

당신은 나를 즐겁게 해주네요.

미국 사람은 **Do**, **Did**, **Does**를 분명한 느낌으로 사용합니다. 가장 강하게 발음 되는 것이 과거형인 Did입니다. 과거에 이미 일어난 일이니까 가장 확실한 것이지요. 그리고 현재의 일은 Do로 약간 강하게 발음하고, 나와 너가 아닌 지금 내 앞에 없는 제3의 사람을 말할 때는 Does를 사용합니다. 가장 불확실하기 때문에 발음도 약한 Does입니다. 이것이 바로 미국 사람의 느낌입니다.

| 주어 | 동사 | 나머지 | 나머지 |

[앞의 나머지가 뒤의 나머지를 목적어로 취하는 것]

| Do you | bring | me | your dog? |

[두 유 브링 미 유어 독?]   당신 개를 내게 데리고 오나요?

| I | want to give | you | a gift. |

[아이 원트 투 기브 유어 기프트]

당신에게 어떤 선물을 주고 싶네요.

※ 한 문장 안에는 주어와 동사가 반드시 하나뿐이기 때문에 want, give 두 동사에서 to give로 부정사로 바꾸었어요. 그냥 익히세요.

참고로 to라는 전치사는 시간이 지나면서 언젠가는 그곳에 닿는 것을 의미합니다. for는 닿지 않고 그저 그 방향으로 향하는 것을 말합니다. 이것이 미국 사람의 느낌입니다.

| I | will | you | 10 dollars. |

[아윌 페이 유 텐 달러스] 당신에게 10불 지불할게요.

| I | can lend | you | some money. |

[아이 캔 랜드 유 썸 머니] 몇 푼은 빌려줄 수 있어요.

| Will you | teach | me | how to go there? |

[윌 유 티치 미 하우 투 고 데어?]
거기에 어떻게 가는지 가르쳐줄래요?

| I | will cook | you | lunch. |

[아이 윌 쿡 유 런치] 당신에게 점심을 만들어줄 겁니다.

| I | will sing | you | a korean song. |

[아이 윌 싱 유 어 코리언 송] 한국 노래 불러줄게요.

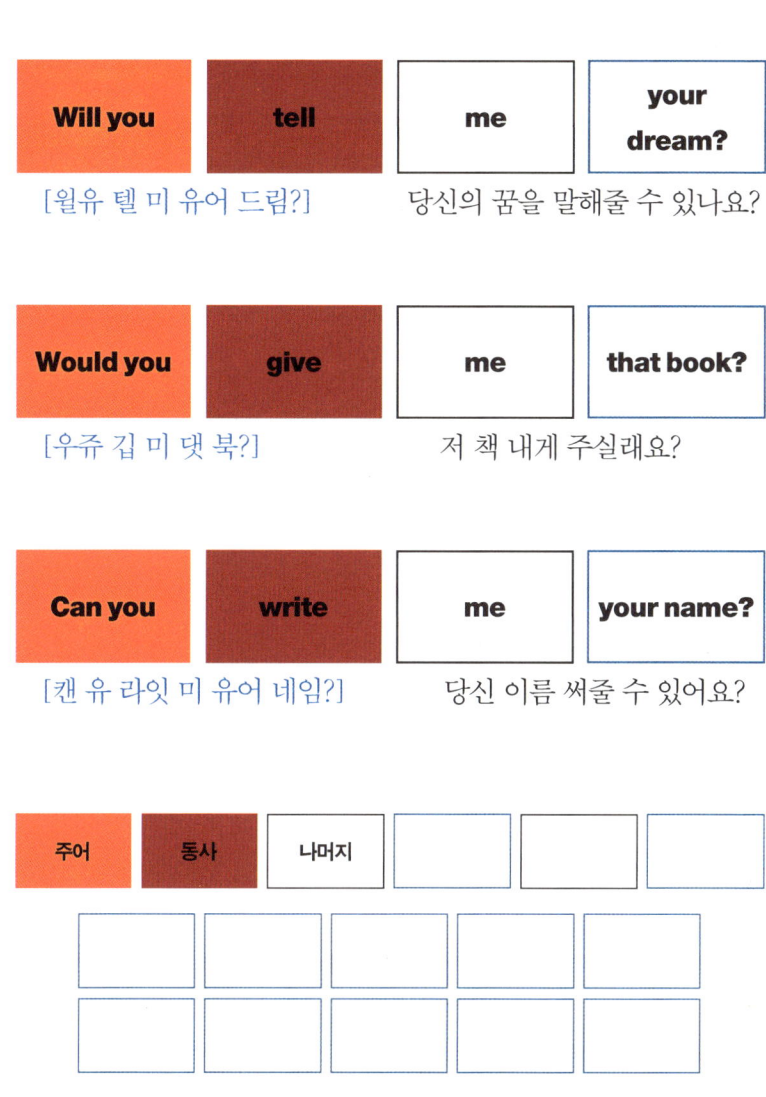

달리는 기차로 기본어순을 숙달하면
얼마든지 긴 문장을 만들 수 있습니다.

질문훈련

다섯 개 외에 숨겨놓은 물맷돌

지금까지 우리는 다윗의 다섯 개의 물맷돌을 훈련했습니다. 이제 비장의 무기를 꺼낼 차례입니다. 바로 질문하는 훈련입니다. 질문을 잘하는 사람이 성공합니다. 대화는 결국 두 사람이 서로 묻고 답하기입니다.

앞의 훈련내용도 그렇게 하면 좋지만 특히 질문훈련의 내용은 스마트폰으로 한쪽씩 촬영을 해서 이동 중에라도 수시로 보고 훈련하기 바랍니다. 질문력이 진정한 실력입니다. 질문을 잘하는 사람이 됩시다. 30개 나갑니다!

질문의 형태에 따라 두 가지의 답이 나옵니다.

Yes, No

의문사에 따른 즉답

Be동사(am, are, is, was, were)
Do동사(do, did, does)
조동사(can, may, will, must 등)

what, who, when, which,
why, where, whose, how

Yes 혹은 No로 대답하는 질문 훈련

Am | **I** | **right?**

[엠 아이 롸잍?]   제 말이 맞습니까?

Yes, you are.   No, you are not.

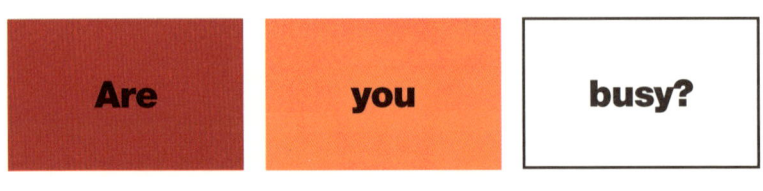

[아 유 비지?]   바쁘세요?

Yes, I am busy.   No, I am not busy.

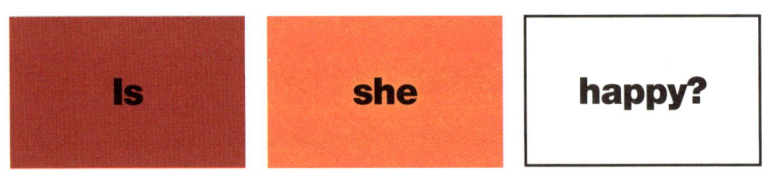

[이즈 쉬 해피?]   그녀는 행복해요?

Yes, she is happy.   No, she is not happy.

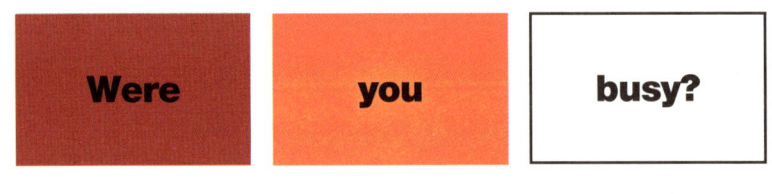

[워 유 비지?]   바빴어요?

Yes, I was busy.   No, I was not busy.

[워즈 쉬 해피?]   그녀는 행복했어요?

Yes, she was happy.

No, she was not happy.

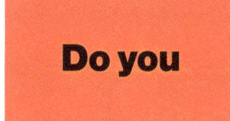  there?

[두 유 고우 데어?]   거기 갑니까?

Yes, I do.   No, I don't

Did you 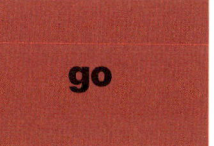 there?

[디쥬 고 데어?]   거기에 갔습니까?

Yes, I did.   No, I didn't

[더즈 히 고 데어?] 그가 거기로 갑니까?

Yes, he does.   No, he doesn't

[윌 유 스테이 히어?] 여기 머물겁니까?

Yes, I will.   No, I won't

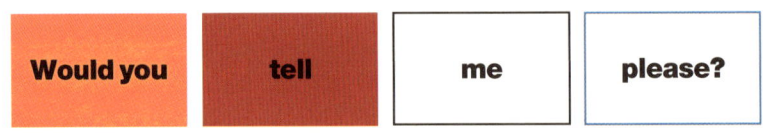

[우쥬 텔 미 플리이즈?] 내게 말씀해 주실래요?(공손한 표현)

Yes, I will.   No, I won't

| Would you | like | coffee? |

[유 듀 라잌 커피?]　　　커피 한 잔 하실래요?

Yes, please.　No, thanks.

| Can I | play | here? |

[캔 아이 플레이 히어?]　　　여기서 놀아도 됩니까?

Yes, you can.　No, you can't

| Could you | teach | me | English? |

[쿠 쥬 티치 미 잉글리쉬?]

내게 영어 좀 가르쳐주실래요? (공손한 표현)

Yes, I can.　No, I can't

[메이 아이 헬프 유?]　　도와드릴까요?

Yes, please.　　No, thanks.

[슈드 아이 스탑 나우?]　　지금 멈춰야 하나요?

Yes, you should.　　No, you shouldn't.

[머스트 아이 스픽 잉글리쉬?]　꼭 영어로 해야 합니까?(강제적)

Yes, you must.　　No, you need not.

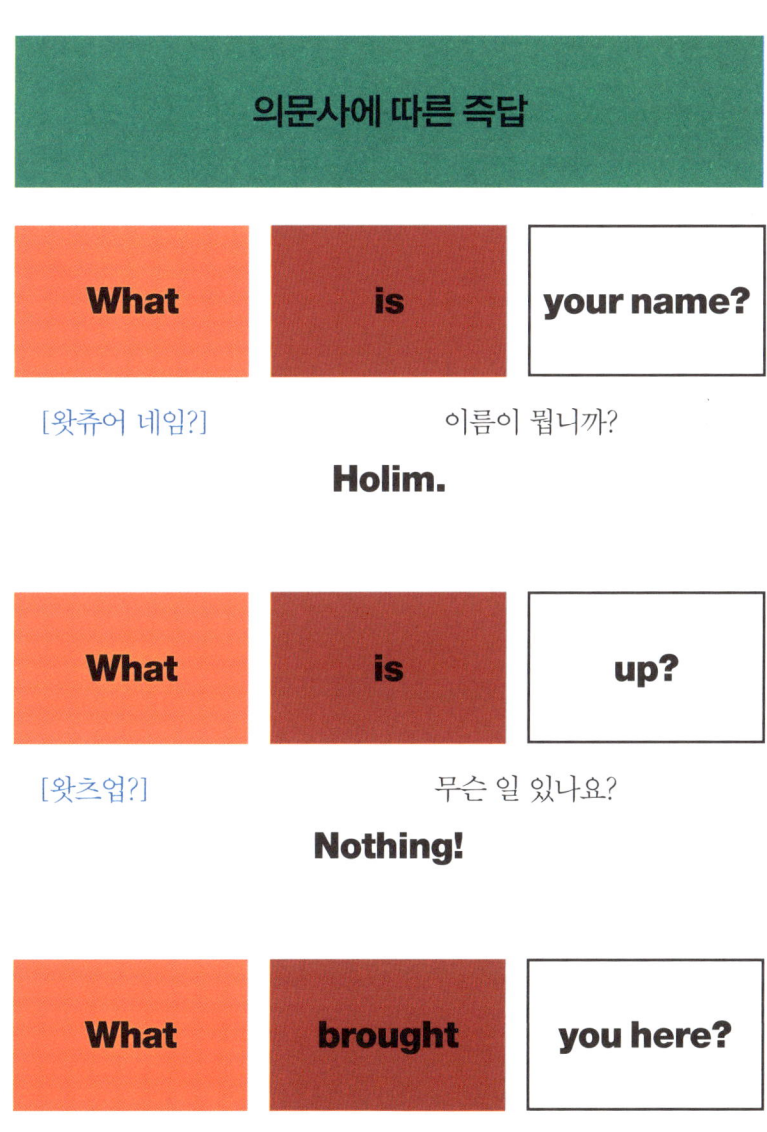

[후 아 유?]　　　　　　　　　누구세요?

I am your coach.

[휀 이즈 유어 버스데이?]　　생일이 언제입니까?

Today!

[휀 디쥬 컴 코리아?]　　　　언제 한국에 왔습니까?

Two years ago.

[윗취 원 두유 라일 인 디스 룸?]

이 방에 있는 것 중에 어느 것이 좋아요?

I like red one.

[윗취 플로워 두유 리브 나우?]   지금 몇 층에 사시나요?

I live on the 16th.

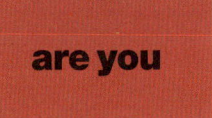

[와이 아 유 소 앵그리?]   왜 그렇게 화가 납니까?

I don't know.

 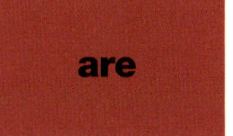

[웨어 아 유 프람?]   어디서 왔어요?

I am from South Korea.

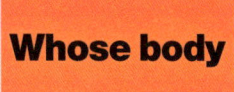 

[후즈 바디 이즈 스트롱?]   누구의 몸이 강하지요?

Your body!

[하우 캔 아이 겟 데어?]   어떻게 거기까지 갑니까?

I will tell you.

| How | is it going | recently? |

[하우 이즈 잇 고잉 리슨틀리?]   요즘 어떻게 되고 있나요?

Not bad.

| How can I | master | English? |

[하우 캔 아이 매스터 잉글리쉬?] 어떻게 영어를 마스터하지요?

Only one, 100세 영어!

이상 30개의 질문

반드시 스마트폰에 저장해서 수시로 보면서 반복해서 숙달하고 숙달하세요. 질문을 잘해야 대화가 잘 풀립니다. 질문이 아주 중요합니다. 머리를 끄덕이고 몸을 흔들면서 큰 소리로 훈련하고 훈련하세요. 반복, 반복, 반복!

영어는 단지 의사소통 도구이다!

이제 마무리를 하려 합니다. 혹시 아직도 영어 때문에 인생을 허비하는 사람이 있습니까? 금방 훅 하고 지나가는 세상입니다. 한 사람의 인생이 생각하는 것보다 길지 않습니다. 영어 말고도 할 일이 너무나 많습니다. 영어는 그저 영어일 뿐입니다. 꼭 필요한 경우에 소통만 하면 되지요. 어떤 사람에게는 평생을 살면서 단 한 번도 미국 사람과 직접 말하지 않는 경우도 있습니다. 단 한 번의 기회 때문에 그 긴 시간 동안 그 많은 돈을 들여가면서 영어를 한다는 게 억울하지 않습니까?

특별한 목적을 가진 사람 외에는 여러분이 지금까지 익히신 『100세 영어』만 해도 충분합니다. 어딜 가도 누구와 부딪치더라도 문제없습니다.

본래 영어라는 것은 쉬운 겁니다. 세종대왕이 훈민정음을 만들 때도 어리석은 백성이 가장 알아듣기 쉽게 만들었지요. 절대로 어려운 것이라면 만들 이유가 없었지요. 어리석은 백성의 눈높이에 가장 쉽게 익힐 수 있게 만든 것이 훈민정음입니다. 마찬가지입니다. 영어도 어리석은 국민이 가장 쉽게 익힐 수 있게 만든 것입니다. 그래서 영어는 학교에 한 번도 가본 적 없는 사람들조차도 아주 잘합니다. 알고 나면 한글보다도 더 쉬운 것이 영어입니다. 한국 사람의 아이큐는 세계에서 가장 높습니다. 한글을 할 수준이 되면 영어는 사실 아무것도 아닙니다.

다시 강조하건대 영어는 단지 의사소통의 수단에 불과합니다. 그래서 정말 중요한 것은 영어가 아닌 기본적인 여러 지식을 많이 가져야 한다는 것입니다. 단지 영어만을 잘하는 것은 의미가 없습니다. 미국 어린이가 영어를 잘한다고 해서 어떤 분야에서 전문가로서 활동할 수 있습니까? 불가능합니다. 기본적으로 풍부한 지식과 전문성이 있어야 합니다. 제가 미국에서 『손자병법』을 가르쳤습니다. 여전히 서툰 영어로 말입니다. 그런데 『손자병법』만큼은 그래도 평생을 연구한 제 전문 분야이기 때문에 아무리 영어가 어설퍼도 당당하게 가르칠 수가 있었던 것이지요. 아주 당당하게 말입니다. 제 영어 표현이 제대로 안 되고 발음이 시원치 않아도 그들은 귀를 바짝 기울입니다. 그들이 저를 통해 얻고자 하는 것은 영어가 아니라 『손자병법』의 지식이었기 때문입니다. 못 알아들으면 그들이 손해를 보게 되니까요. 바로 이것이 전문성의 힘입니다. 이것이 아주 중요합니다. 제가 아는 태권도 사범은 미국 사람을 상대로 가

에필로그 225

르치고 있었습니다. 그를 보면 참 재미있습니다. 제가 옆에서 봐도 그의 영어는 엉망이었지요. 몇 마디 단어만 툭툭 던지면서 가르치는 것입니다. 그런데도 미국인 제자들은 열심히 따라합니다. 그들은 그 사범에게서 영어를 배우려는 것이 아닙니다. 그의 태권도 기술을 배우려는 것이지요. 바로 이런 것입니다. 영어를 좀 못한다고 무슨 문제가 됩니까? 내가 가지고 있는 전문성이 있고 나만의 뭔가가 있다면 언어는 아무런 문제가 되지 않습니다. 그저 언어는 소통의 수단일 뿐입니다. 아니, 굳이 영어로 말을 하지 않고 한국 말로 해도 됩니다. 답답한 그들이 한국 말을 배우게 되겠지요. 따라서 부지런히 세상의 여러 지식을 습득하고 나만의 전문분야를 가지고 있어야 합니다. 상대를 주도할 수 있어야 합니다. 영어에 끌려가지 말고 오히려 영어를 끌어가기 바랍니다. 왜 못합니까? 열심히 공부하고 열심히 책을 읽고 열심히 자기역량을 기르십시오. 아무도 넘볼 수 없는 나만의 것을 만들어보세요. 영어에 평생을 허비하지 말고 바로 이런 것을 위해 평생을 노력해야 합니다.

4차 산업혁명이 생활 속에 정착되는 날에는 아마도 영어라는 것도 필요 없을지 모릅니다. 전혀 다른 언어 체계가 세상을 뒤덮을 수도 있습니다. 그때는 영어뿐만 아니라 그 어떤 외국어도 전혀 다른 개념으로 다가올 것입니다. 그렇기 때문에 더욱 중요한 것은 '마음가짐'입니다. 어떤 도전과 어떤 장애물 앞에서도 거침없이 당당하게 맞설 수 있는 용기 바로 그 '마음가짐'이 중요합니다. 100세 영어는 바로 그러한 '마음가짐'을 심어주기 위한 좋은 도구입니다. 단언컨대 앞으로의 세상은 거침없이 부딪치는 사람의 몫이 될 것입니다.

누구 앞에서도 당당하게 부딪치는 영어,
인생의 어떤 장애 앞에서도 거침없이 부딪치는 용기!
우리에게 필요한 것은 바로 이것입니다.

100세 영어 세미나, 훈련소 입소, 코치 과정

안 되면 되게 하면 됩니다. 그런데 100세 영어대로만 한다면 안 될 일이 없습니다. 100세 영어는 세미나, 훈련소, 코치과정이 준비되어 있습니다. 내친 김에 전국 프랜차이즈도 생각하고 있습니다. 언제든지 여러분을 환영합니다. WELCOME!

입소조건

- 신체 건강한 대한민국의 모든 어린이, 청년, 어른
- 어떤 간식이라도 황송해하며 먹는 사람들
- 알파벳 정도는 쓸 줄 알고, 대충 중학교 수준의 영어는 하는 사람들

과 정

- 100세 영어 세미나 과정(서울 양재동 세미나실)
  - 3시간 과정 : 기본과정
- 100세 영어 훈련소 입소 과정(별도의 훈련장)
  - 8시간 과정 : 숙달과정
- 100세 영어 코치 과정(별도의 훈련장)
  - 1박 2일 : 기본 + 숙달 + 강사역량

과정문의

서울시 강남구 남부순환로 351길 42 3층
Tel. 02) 583-0109 Fax. 02) 583-9109

100세 영어

초판 1쇄 인쇄 2017년 7월 14일
초판 1쇄 발행 2017년 7월 19일

지은이 노병천
펴낸이 안현주

경영총괄 장치혁 **편집** 송무호
디자인 표지 정태성 본문 장덕종
표지 일러스트 이강훈 **본문 일러스트** 셔터스톡
마케팅영업팀장 안현영

펴낸곳 클라우드나인 **출판등록** 2013년 12월 12일(제2013-101호)
주소 우) 121-898 서울시 마포구 월드컵북로 4길 82(동교동) 신흥빌딩 6층
전화 02-332-8939 **팩스** 02-6008-8938
이메일 c9book@naver.com

값 15,000원
ISBN 979-11-86269-75-6 14740

- 잘못 만들어진 책은 구입하신 곳에서 교환해드립니다.
- 이 책의 전부 또는 일부 내용을 재사용하려면 사전에 저작권자와 클라우드나인의 동의를 받아야 합니다.
- 클라우드나인에서는 독자여러분의 원고를 기다리고 있습니다.
  출간을 원하는 분은 원고를 bookmuseum@naver.com으로 보내주세요.
- 클라우드나인은 구름 중 가장 높은 구름인 9번 구름을 뜻합니다. 새들이 깃털로 하늘을 나는 것처럼 인간은 깃펜으로 쓴 글자에 의해 천상에 오를 것입니다.